KB264205

학교중도탈락 청소년의 삶과 문화

학교중도탈락 청소년의 삶과 문화

김 혜 영 著

한국학술정보㈜

책 머리에

학교중도탈락 청소년들은 학교를 매개로 형성되는 사회적 관계에서 고립됨으로써 소속감을 상실하고 사회적 적응력이 약화될 가능성이 크다. 이러한 불리한 조건에서 학교중도탈락자들은 진로 개척 노력을 포기하고 일탈이나 비행으로 빠져들기 쉽다.

우리나라는 '학교졸업', '대학입시'를 중시하는 교육풍토임에도 불구하고 매년 우리나라 중고등학생 100명 중 약 2명의 학생이 학교를 중도탈락하고 있는 실정이다. 비록 청소년의 학교중도탈락 현상이 2% 수준이라고는 하지만, 그 사회적 파장효과는 매우 크다고 할 수 있다. 즉 학생-청소년이자 청소년-학생의 학교중도탈락의 현상은 '청소년의 문제'만으로는 보기 어려운 것이다. 오히려 '청소년이 당면한 현실'인 것이다.

그러므로 청소년의 학교중도탈락 문제에 접근함에 있어서 청소년 개인, 가정, 사회적 환경을 전체적으로 상호 유기적으로 이해하고, 이에 대한 적절한 개입을 조망해야 한다.

청소년의 학교중도탈락 현상을 이해하고, 학교중도탈락 청소년을 돕고, 이로 인한 사회적 파장을 줄이기 위해서는 학교중도탈락 청소년의 개인적, 가정적, 사회적 환경을 총체적으로 평가하고, 이에 적절한 개입을 다각적으로 마련할 수 있는 적극적인 대책 마련이 요구된다. 이를 위해서는 학교중도탈락 청소년이 놓인 사회적 맥락을 실제적이고, 구체적으로 설명할 수 있어야 하며, 학교중도탈락 청소년의 특징적 생활문화와 복지적 함의에 대한 고찰이 필요하다.

이 책은 청소년의 학교중도탈락에 대해 주목하고, 사회적 맥락과 관련하여 청소년복지를 포함한 전체 사회복지적 관점에서 논의를 전개하며, 그 대응책을 강구하고자 하는 목적을 가지고 있다. 이를 위하여 문화기술적 연구방법의 형식으로 청소년들의 학교중도탈락이라는 현상에 걸쳐있는 사회문화적 맥락들과 그 맥락 속의 의미를 이해하여 학교중도탈락 청소년들의 삶의 본질을 파악하였다.

그리고 이 책에서는 학생이 학교라는 제도권을 이탈한 상태이므로 '학교중도탈락'이라는 용어를 사용하였고, 또한 현재 학교를 그만 둔 상태에 있는 학령인구의 청소년을 '학교중도탈락 청소년'이라고 정의하였다.

마지막으로 이 땅의 청소년들이 밝고 건강하게 행복한 삶의 권리를 누릴 수 있기를 진심으로 기원하며, 저자의 박사학위논문을 재편집하여 출간할 수 있도록 도움을 주신 한국학술정보(주)에 감사를 드린다.

2005년 12월 13일
김 혜 영

차 례

Ⅰ. 서 론 / 11

1. 연구의 배경과 목적 ·· 11
   1) 문제제기 ·· 11
   2) 연구의 목적과 연구문제 ······················· 17
2. 학교중도탈락의 사회맥락적 의미 ··········· 18
   1) 학교중도탈락의 개념과 유형 ················· 18
   2) 학교중도탈락의 맥락적 특성 ················· 24

Ⅱ. 연구방법 / 35

1. 예비면접 ·· 37
2. 주 제보자의 선정 ···································· 41
3. 심층면접 ·· 44
4. 참여관찰 ·· 46
5. 자료의 분석 ·· 48
6. 해석의 검토 ·· 50

Ⅲ. '짤린 아이'와 '때려친 아이'의 생활세계 / 51

1. '짤린 아이'의 생활세계 ························· 52
   1) '짤린 아이'가 되기까지 ······················· 53
   2) '짤린 아이'로 살아가기 ······················· 61
2. '때려친 아이'의 생활세계 ····················· 66
   1) '때려친 아이'가 되기까지 ····················· 66
   2) '때려친 아이'로 살아가기 ····················· 74

Ⅳ. '짤린 아이'와 '때려친 아이'의 사회적 맥락 / 79

1. '짤린 아이'의 사회적 맥락과 의미 ·· 79
   1) 통제력 부족의 청소년 ··· 79
   2) 의미 있는 친구 ··· 82
   3) 잘 모르는 교사 ··· 85
   4) 무기력한 부모 ··· 87

2. '때려친 아이'의 사회적 맥락과 의미 ·································· 90
   1) 시간 때우는 청소년 ··· 91
   2) 동조하는 친구 ··· 92
   3) 염려스러운 교사 ··· 94
   4) 위축된 부모 ··· 100

Ⅴ. '짤린 아이'와 '때려친 아이'의 생활문화와 복지적 함의 / 103

1. '짤린 아이'와 '때려친 아이'의 생활세계: 소외와 '그냥' ···· 103
   1) 자기통제력의 이면 ··· 103
   2) 지지망의 부재 ··· 106
   3) 표현은 '그냥', 본질은 '소외' ··· 110

2. '짤린 아이'와 '때려친 아이'의 생활세계: 불확실과 '그냥' ··· 114
   1) 심리사회적 유예 ··· 114
   2) 홀로서기 ··· 118
   3) 대안 없는 '불확실'과 '그냥' ··· 122

VI. 논의 및 결론 ·········· 125

1. 이론적 논의 ·········· 125
  1) 학교중도탈락의 개념 ·········· 125
  2) 학교중도탈락 관련 이론의 조망 ·········· 127
  3) 학교중도탈락의 유형 ·········· 131
  4) 학교중도탈락 과정에 내재된 구조적 요인 ·········· 132
  5) 학교중도탈락에 내포된 심리문화적 기제 ·········· 133

2. 방법론적 논의 ·········· 134

3. 복지실천적 논의 ·········· 136
  1) 소외에서 통합으로의 접근 ·········· 136
  2) 불확실에서 확실로의 접근 ·········· 144

4. 결론 및 제언 ·········· 150
  1) 결　론 ·········· 150
  2) 제　언 ·········· 152

참고문헌 ·········· 161

표 차례

<표 1> 학교중도탈락 청소년 예비면접자 인적사항 ……………… 38

<표 2> 주제보자의 인적사항 …………………………………………… 42

Ⅰ. 서 론

1. 연구의 배경과 목적

본 연구는 학제적 관점에 따라 청소년을 중고등학교 시기의 사람으로 보고, 이들이 학교생활을 정상적으로 마치지 못하고 중도에 탈락한 과정과 중도탈락 후의 생활세계를 살펴보며, 학교중도탈락의 사회적 맥락과 그 복지적 함의 및 앞으로의 사회적 대응방안을 분석·검토하고자 시도되었다.

구체적인 연구의 배경과 연구 목적을 살펴보면 다음과 같다.

1) 문제제기

오늘날의 청소년들은 가정보다는 학교에서 대부분의 하루 일과를 보내고 사회화 과정에 필요한 지식과 기술을 습득하고 있다. 그러므로 학교환경은 청소년들에게 있어 가장 중요한 사회환경이 된다. 그러나 학교를 중도탈락한 청소년들은 인간의 발달 단계에서 중요한 연령기에 학교교육을 받지 못하여 결국 이로 인해서 성인이 되어서도 다양한 종류의 사회부적응을 유발하는 부적응의 악순환을 낳게 된다.

우리나라 청소년들의 학교중도탈락 현상은 1997년~1998년 동안에는 IMF의 여파에 따른 경제위기에 따라 일시적인 증가를 보였고, 최근 3~4년간 다시 낮아지는 추세를 보이고 있다. 이 시기를 제외하면 우리나라의 중고등학교 전체 재학생수에 대한 중도탈락자의 비율은 거의 비슷한 수준을 나타내고 있는데, 1980년~2001년까지 대체로 1.3%~2.1%에 이르고 있다. 이는

12

우리나라 중고등학생 100명 중 약 2명의 학생이 학교를 중도탈락한다고 하겠다.

학교급별 학교중도탈락률을 살펴보면, 고등학교의 학교중도탈락률은 중학교의 학교중도탈락률보다 2배 이상 높으며, 시기별로는 중학교는 거의 변함이 없고, 인문고는 최근 들어 감소추세인데 반해 실업고는 오히려 상대적으로 높은 증가율을 보이고 있으며, 1995년 이후 인문계 고등학교와 실업계 고등학교 간의 학교중도탈락률의 격차는 점점 커지고 있다. 중학교 중도탈락의 경우, 실질적으로 중학교 의무교육 단계에 들어서 있고, 2002년부터 중학교 무상의무교육이 전면 시행되는 시점에서, 우리나라 중학생 100명 중 1명의 학생들이 매년 학교를 중도탈락하고 있는 실정이다.

또한 학년별 학교중도탈락률을 보면, 중학생은 '1학년<2학년<3학년'의 추세인 반면, 고등학교는 '1학년>2학년>'3학년의 추세이다. 특히 실업계 고등학교 1학년의 학교중도탈락률은 무려 8.3%에 이르고 있어, 일반계 고등학교 1학년의 약 4배에 이르고 있다.

학교중도탈락률은 남녀 간에도 차이를 보이는데, 대체로 남학생이 여학생보다 높은 것으로 나타나고 있지만, 중학교의 경우 1995년과 1996년에는 남녀의 비율이 동일하다가 1997년 이후에는 여학생의 학교중도탈락률이 높게 나타나고 있다. 고등학교의 경우 여학생보다 남학생의 중도탈락률이 더 높게 나타나고 있지만, 1996년 이후 양자 간의 격차는 감소하는 경향을 보이고 있다.

외국의 경우, 일본의 등교거부자는 조사가 시작된 1991년부터에는 초등학생은 약 1,300명, 중학생이 약 54,000명이었고, 2000년에는 초등학생이 약 26,000명, 중학생이 약 108,000명에 달했다. 지난 10년간 그 비율은 초등학생은 0.1%에서 0.4%의 증가를 보였고, 중학생은 1.0%에서 2.6%의 증가를 보였다. 한편 고등학생의 경우 중도퇴학자수가 2000년에 109,146명으로, 일본 고등학생의 2.6%에 해당하는 수이다(김태훈, 2001a; 문부과학성, 2001). 미국의 경우, 지난 10년간 10학년 학생 중 347,00명에서 544,000명의 청소년들이 학교를 중도탈락하였다. 2000년에는 16-24세의 청소년 중 약 380만 명의 학생들이 10-12학년 때 학교를 중도탈락하였으며, 이는 16-24세 청소년인구의 약 11%에 해당된다. 미국의 학교중도탈락률은 1970년대 초 이후 감소하였으나, 1980년대 후반부터는 일정 수준을 유지하고 있다(Kaufman, Alt, & Chapman, 2001).

그동안의 연구결과에 의하면, 이와 같은 청소년의 학교중도탈락은 학생 당사자뿐 아니라, 가정과 또래 및 사회 전반에 걸쳐 의미있는 영향을 미침으로써 사회적 문제가 되고 있음을 밝히고 있다(송광성 외, 1992; 김준호 외, 1993; 김기태 외, 1996; 황창순, 1996; 이숙영 외, 1997; 현연화, 1998;김현주, 2001; 이혜영, 2001; Dupper, 1993). 학교중도탈락으로 인한 가출, 비행, 범죄 등의 각종 청소년문제가 그 대표적인 사례이며, 이러한 사회적 부적응은 청소년기에만 국한하지 않고 그 이후의 시기에도 부정적인 발달 문제를 지속적으로 야기한다. 즉 미진학과 비취업 등으로 연결되는 사회적 성취의 실패는 학교중도탈락 청소년 당사자뿐 아니라, 가정과 사회 전반에 걸쳐 부정적인 영향을 미치게 된다.

즉 학교중도탈락 청소년들은 학교를 매개로 형성되는 사회적 관계에서 고립됨으로써 소속감을 상실하고 사회적 적응력이 약화될 가능성이 크다. 이러한 불리한 조건에서 학교중도탈락자들은 진로 개척 노력을 포기하고 일탈이나 비행으로 빠져들기 쉽다(이혜영, 2001).

우리나라는 학력(學歷)중심의 사회로서, 이 학력은 사회적 성취 및 그에 따른 보상의 양과 질을 크게 좌우한다(조혜정, 1997;

14

최돈민, 2001). 바꾸어 말하면, 학교중도탈락을 포함한 여러 가지 이유에 의한 낮은 학력은 사회적 실패의 가능성을 높여주며, 이에 따른 다면적인 파장은 전반적인 차원에서의 지속적인 사회적 안정과 발전을 저해하는 것이다. 즉 학생 청소년의 학교중도탈락은 청소년 자신, 가정, 학교, 전체 사회에 존재하는 다변적인 요인들이 복합적으로 작용하여 학교 공부를 중단하게 되는 일종의 사회 이탈 현상인 것이다(교육부, 1997b).

이렇게 볼 때, 비록 청소년의 학교중도탈락 현상이 2% 수준이라고는 하지만, 그 사회적 파장효과는 매우 크다고 할 수 있다. 바로 이러한 영향력 때문에 청소년의 학교중도탈락에 대해 주목하고, 사회적 맥락과 관련하여 청소년복지를 포함한 전체 사회복지적 관점에서 논의를 전개하며, 그 대응책을 강구하는 것이라 할 수 있다(송복 외, 1996; 황창순, 1996; 권현진, 1997; 김선희, 1997; 한준상, 1997; 구본용, 2001; 안권순, 2001).

한편 이러한 학교중도탈락 청소년의 발생과 그에 따른 해석 및 대응방식은 시대 변화에 따라 그 양상을 달리하고 있다. 과거 청소년의 학교중도탈락 사유는 주로 청소년의 사망, 질병, 가사문제와 관련된 것이었으며, 따라서 학교중도탈락 청소년 개인에 초점을 맞추어 접근하는 방식을 취해 왔다. 학교중도탈락의 원인이 중도탈락 학생 자신에게 있다고 보고 개인의 성향과 태도를 문제 삼는 경향이 강했으며(송광성 외, 1992; 정진구, 1999), 이러한 관점에서 의미 있는 영향력을 미친다고 본 가정환경과 부분적으로 학교제도를 중심으로 접근되어 왔다. 즉 지금까지의 학생 청소년의 중도탈락은 크게 개인중심이론(이종상, 1985; 김경식, 1997b; 황정숙, 1999; 김현주, 2001), 가족중심이론과 학교중심이론으로 다루어져 왔던 것이다(송복 외, 1996; 이숙영 외, 1997; 유성경·이소래, 1998; 이경림, 2000). 개인중심이론은 높은 충동성, 낮은 인내력, 부정적인 자아정체감 등과 같은 청소년의 개인적 심리적 특성에 기인하여 학교중도탈락의 문제를 설명하였다. 또한 가족중심이론은 학교중도탈락을 가정배경 및 가정생활, 부모들의 양육태도 등으로 인한 문제로 보고 가족의 구조적·기능적 결손에 초점을 두어 현상을 설명하였으며, 학교중심의 이론에서는 제도 교육현장에서의 문제점을 중심으로 설명해 왔다.

그러나 최근에 들어서는 청소년의 학교중도탈락은 사뭇 다른 양상을 보여주고 있는 바, 이러한 양상은 학교중도탈락에 대한 교육부의 공식적 통계조사의 사유별 항목 변화에서 잘 나타나고 있다. 즉 1995년도까지는 학교중도탈락을 '질병, 가사, 기타'의 항목으로 분류하였던 것이, 1996년부터는 '사망, 질병, 가사, 품행, 기타'의 항목으로 품행이 추가되었으며, 2001년에는 '유학·이민'의 항목이 추가되었다. 이러한 변화 관점은 관련 연구에서도 파악할 수 있는데, 이를테면 장기결석에 의한 퇴학, 검정고시와 유학 및 이민 등으로 인한 자퇴 등이 그것이다(조혜정, 1997; 박창남, 2001; 이혜영, 2001). 이렇게 볼 때, 학생 청소년의 학교중도탈락은 청소년 개인이나 청소년의 가정과 같은 좁은 범주에서의 문제가 아니라, 학교와 사회 전반적인 문화와 제도 등과 밀접한 관련이 있음을 시사 받을 수 있다. 바로 회자되는 '내신성적의 불이익 극복을 위한 우등학생의 자퇴', '도피성 유학', '유학을 통한 창의적 및 영재교육', '교육이민' 등의 용어가 웅변하고 있는 것이라 하겠다. 곧 학교교육의 불신과 새로운 교육에 대한 열망으로 학교 밖의 대안을 찾아 자발적으로 중도탈락하는 학생들이 증가하고 있는 것이다.

그렇기 때문에 오늘날의 학교중도탈락은 개인으로서의 청소년뿐만 아니라, 전체 사회·문화 속에서의 청소년으로서 상호

16

유기적으로 이해하고, 지지해야 할 필요성이 매우 크다고 할 수 있다. 그리고 이 개인으로서의 청소년도 기존의 학교체계에 순응적이고, 그래서 적응적인 청소년을 기본 원형으로 보는 것만이 아니라, 역으로 학생인 청소년 개개인의 발달을 장려해 주지 못하는 가정, 학교, 사회적 관계에도 주목하여 청소년의 중도탈락을 새롭게 조망해야 한다는 점이다. 즉 기존의 학교환경에 적응하지 못하는 것이 곧 청소년의 발달적 미성취 내지는 사회적 실패를 의미하는 것만이 아니라, 역으로 청소년기의 발달적 특성 및 발달에서의 개인차를 고려한 제도교육이 되지 못할 때는 사회에서의 청소년 육성과 보호의 실패라는 관점에 주목해야 할 필요가 있다. 또한 청소년기가 지니는 독특한 발달적 특징에 의해 청소년의 생활세계-가정, 학교, 지역사회-를 이해할 필요가 있다(Lerner, 1994). 그렇게 볼 때에, 학생-청소년이자 청소년-학생의 중도탈락의 현상은 '청소년의 문제'만으로는 보기 어려운 것이다. 오히려 '청소년이 당면한 현실'인 것이다. 그러므로 본 연구는 청소년의 학교중도탈락 문제에 접근함에 있어서 청소년 개인, 가정, 사회적 환경을 전체적으로 상호 유기적으로 이해하고, 이에 대한 적절한 개입을 조망하고자 한다.

이러한 제 관점을 요약하면, 현존하는 학교에 적응적인 '학생 청소년'은 학교라는 사회문화적 제도의 요구와 기대를 수용하면서 학교제도 안에서 생존과 성공을 모색하지만, '청소년인 학생'은 현존하는 학교라는 사회문화적 제도에 적응하여 생존하거나 성공하기를 거부하는 것에 대한 사회적 수용을 비판적으로 검토할 시점에 이르렀다. 다시 말하면 '학생'과 '청소년'의 지위와 입장은 다르다는 개념적 구분의 중요성을 인정하고(조용환, 2000b), 청소년의 중도탈락 문제 접근에 그 의미를 부여하는 것이라 하겠다.

2) 연구의 목적과 연구문제

청소년의 학교중도탈락 문제는 학생들에게 공평한 교육의 기회를 제공하지 못한다는 면 외에 가출, 비행, 범죄 등의 각종 청소년문제를 일으키는 가교가 되기도 한다.

또한 최근의 학교중도탈락은 가정의 경제사정상 학업을 중단하는 경우는 줄어드는 반면 가족기능의 약화, 입시위주의 교육, 향락문화의 번창 등에 따라 학교생활 내지 교육제도 자체에 적응하지 못해 학교를 그만두는 사례가 증가하고 있다(황창순, 1996; 교육부, 1997b; 정지인, 1997).

그러므로 청소년의 학교중도탈락 현상을 이해하고, 학교중도탈락 청소년을 돕고, 이로 인한 사회적 파장을 줄이기 위해서는 학교중도탈락 청소년의 개인적, 가정적, 사회적 환경을 총체적으로 평가하고, 이에 적절한 개입을 다각적으로 마련할 수 있는 적극적인 대책 마련이 요구된다. 이를 위해서는 학교중도탈락 청소년이 놓인 사회적 맥락을 실제적이고, 구체적으로 설명할 수 있어야 하며, 학교중도탈락 청소년의 특징적 생활문화와 복지적 함의에 대한 고찰이 필요하다.

따라서 본 연구에서는 특히 '학교졸업', '대학입시'를 중시하는 우리나라의 교육풍토임에도 불구하고 타의에 의해 학교중도탈락하거나, 또는 자의에 의해 학교중도탈락하는 학생이자 청소년이며, 청소년이자 학생인 이들의 생활이 주는 사회적 및 복지적 의미를 학교중도탈락 청소년, 친구, 교사, 부모와의 맥락적 수준에서 분석하고, 그 대응의 관점과 방향을 모색하는 것에 그 목적을 두고 있다. 그리고 이러한 목적과 연구의 접근에 의해 구체적으로 살펴보고자 하는 연구문제는 다음과 같다.

   (1) 학교중도탈락 청소년들은 자신들을 어떻게 정체화시키는가?

   (2) 학교중도탈락 청소년들이 놓인 사회적 맥락은 어떠한가?

   (3) 학교중도탈락 청소년들의 삶은 청소년복지에 어떠한 실천적 함의를 주는가?

2. 학교중도탈락의 사회맥락적 의미

다양한 사건과 과정의 복잡한 관련 속에서 일어나는 학교중도탈락 현상을 이해하기 위해서는 학교중도탈락 현상의 개념화 및 관련특성들을 개관하여 학교중도탈락이 지니는 청소년복지의 이론적, 실천적 함의를 모색하는 것이 중요하다.

1) 학교중도탈락의 개념과 유형

(1) 학교중도탈락의 개념

일반적으로 학교중도탈락은 여러 가지 이유로 학교공부를 지속하지 못하는 것으로, 사회적으로도 졸업자로 인정받지 못하는 사람을 가리켜 학교중도탈락 청소년이라고 한다.

이재우(1973)는 중퇴생이란 졸업하지 않은 채 학교를 떠나는 학생으로 교육법 시행령 제83조에 명시된 "품행이 불량하여 개선의 가망이 없다고 인정된 자"에 대한 학교장의 퇴학이나 권고퇴학처분을 받은 학생으로 정의하였고, 이종상(1985)은 중퇴란 학생이 사망하거나 다른 학교로 전학하지 않고 어떠한 이유로든지 졸업하기 이전에 학교를 그만두는 것으로, 사망하거나 다른 학교로 전학하지 않고 졸업하기 이전에 학교를 그만두는 학생을 중퇴생으로 정의 내렸다.

그러나 1990년대 이후의 학교중도탈락에 대한 연구문헌들은 학교중도탈락 현상이 다변적인 복잡한 사건임을 강조하고 그 용어 또한 학교중퇴, 학업중퇴, 학업실패, 학업중단, 부등교, 학업탈락, 학교중도탈락, 학업중도탈락 등 다양하게 사용하여, 학교와의 관계 중단, 학업의 중도 정지의 측면이 고려되었다(송복 외, 1996; 권현진, 1997; 조혜정, 1997; 한준상, 1997; 유성경·이소래, 1998; 박영숙, 1999; 이경림, 2000; 최보문, 2000; 이종태, 2001 등).

한편 우리나라 연구문헌에서 사용된 학교중도탈락 관련 용어와 정의는 '잠재적 학교중도탈락'이라는 개념을 통해 학교중도탈락의 상태를 새롭게 정의하려는 시도를 하였다(송복 외, 1996; 교육부, 1997b; 이숙영 외, 1998; 조혜정, 1997; 박영숙, 1999).

조혜정(1997)은 '학업 의욕 상실자'라고 불릴 수 있는 학생들을 학업중퇴자 연구의 대상으로 포함시켜야 하며, 학교에는 가지만 실질적으로 학업을 그만 둔 상태로 몸만 교실에 앉아 있거나 적만 학교에 두고 있는 경우가 적지 않을 것이라고 지적하였다. 현 제도하에서 장기결석으로 인한 제적처리와 자진 퇴학 후 복학, 전학 등을 통해서 문제 상황을 해결하게 되기 때문에 실질적으로 학업 중퇴의 선을 넘나드는 학생 수는 상당할 것이며, 그러기에 학업중퇴자 연구는 이 인구를 포함시켜 이루어져야 한다고 주장했다(조혜정, 1997).

그리고 이숙영 외의 연구(1997)에서도 중퇴란 엄격하게 말한다면 학교를 그만두는 현상을 지칭하지만 외형적으로는 학교를 그만두지 않았어도 실질적으로는 학업을 포기한 상태도 중퇴의 맥락에서 주목해야 할 현상임을 밝히고 있다.

이와 같은 개념정의의 변화는 학교중도탈락 문제의 접근에도 변화를 가져왔는데, 교육부는 '학교중도탈락자 예방대책'을 마련하여 문제학생에 대한 학교의 선도적 기능을 회복하여 학교가 가정, 사회와 힘을 모아 중도탈락자 예방에 나서겠다는 의지를 표명하였으며, 자퇴한 학생들을 구제하기 위한 복지차원에서 1996년 9월부터 '중등학교 중퇴생 복교정책'을 시행하였다. 서울시 교육청은 정규학교에서 중도탈락한 학생 등에게 일반 교과와 상업, 미용과정 등을 학교처럼 가르쳐온 기존의 평생교육시설 중 우수시설을 선정하여, 2001년부터 대안학교식 교육프로그램을 지원키로 했다고 밝혔다(고형규, 2000. 10. 15).

한편, 1990년대 미국은 상당수의 학교중도탈락(school dropout) 학생들이 여전히 미국사회의 심각한 문제가 되고 있으며, '중도탈락' 개념정의의 혼재와, 학교와 행정기관의 중도탈락 통계를 비교해 볼 때 그 수치를 조사하는 다양한 방법들 때문에 어려움을 겪고 있다. 1990년대에 들어서 미국의 경우, 중도탈락의 개념을 재규정하고 있는데, 중도탈락이란 12학년을 이수하지 못하였거나, 공교육의 졸업인정(GED: General Equivalency Diploma)을 받지 못한 사람으로 정의 내리고 있다(Shaub, 1997).

우리나라의 교육부에서는 청소년 자신, 가정, 학교, 전체사회에 존재하는 다변적인 요인들이 복합적으로 작용하여 학교 공부를 중단하게 되는 일종의 사회 이탈 현상을 중퇴라고 정의 내렸다(교육부, 1997b).

이상에서 살펴 본 바에 의하면, 우리나라에서도 학자들마다 학교중도탈락에 대한 개념 정의가 다르고, 그 개념 속에 내포된 대상에서도 잠재적 중도탈락 청소년, 복학생의 포함 여부가 다르다. 용어의 사용에 있어서도 학교중도탈락, 중퇴, 학업중도탈락, 등교거부, 학교거부, 학업실패 등의 용어를 혼용하고 있음을 알 수 있다.

즉 학교중도탈락 청소년의 개념에 내포된 대상은 현재 학교를 떠나 있는 실제 학교중도탈락 청소년, 무단결석, 학교부적응 등의 이유로 중도탈락의 위험이 있는 잠재적 학교중도탈락 청소년, 학교를 떠났다가 다시 복학한 복학 청소년으로 구분된다. 세 번째 대상인 복학생은 잠재적 학교중도탈락 청소년의 개념에 포함될 수도 있다. 복학생의 경우는 한번 학교를 떠났다가 다시 복학하였기 때문에 재중도탈락의 위험은 언제든지 있을 수 있다. 이에 본 연구자는 학교중도탈락 청소년의 연구대상 선정에 있어서 잠재적 중도탈락 학생을 일반 학생과 구분하는 것 자체가 또 다른 연구과제가 될 수 있다고 생각하였다. 한 설문조사는 우리나라의 중고등학생 중 자퇴를 하고 싶다는 생각을 해본 청소년은 무려 54%에 달했다고 한다(구자경 · 홍지영 · 장유진, 2001). 즉 이 54%의 중고등학생을 잠재적 중도탈락생으로 포함시켜야 하는가 하는 문제를 제기하게 했다. 따라서 이러한 연구대상 선정의 어려움으로 인하여 본 연구자는 학교중도탈락 청소년에 관한 연구의 체계성을 고려하여 연구대상의 우선순위 결정에서 현재 학교를 그만두고 떠나 있는 상태에 있는 학령인구의 청소년을 선정하였다.

그러므로 본 연구자는 용어 사용에 있어서 학생이 학교라는 제도권을 이탈한 상태이므로 '학교중도탈락'이라는 용어를 사용하고, 학교중도탈락은 학생이 학교를 그만 둔 상태로 그 동기에 따라 자발적 학교중도탈락과 비자발적 학교중도탈락으로 구분하고자 한다. 또한 현재 학교를 그만 둔 상태에 있는 학령인구의 청소년을 '학교중도탈락 청소년'이라고 정의한다.

(2) 학교중도탈락의 유형

우리나라 중고등학생의 학교중도탈락 사유는 1980년 이후 '가사'의 비율은 감소하고 있는 반면 '품행·부적응', '유학·이민' 등의 이유는 증가하고 있다. 이는 가정형편상, 경제적 사정상 학교를 그만 둘 수 없는 경우들이 급격히 감소하는 반면 학교생활 내지 교육제도 자체에 적응하지 못해 학교를 그만 두는 사례가 늘고 있기 때문이다.

학교중도탈락 현상에 대한 개념 정의가 학교를 다니지 않고 졸업하지 않은 상태로 정의내리는 것에서 변화하여 학교중도탈락의 동기나 다양한 변인들을 고려한 개념 정의를 내리고 있음도 이러한 변화에서 기인한다.

그러므로 학교중도탈락의 개념은 내포된 속성 즉 동기, 요인, 상황, 중도탈락 이후의 생활 등에 따라 학교중도탈락의 유형을 세분화할 수 있다.

Morrow(1986)는 ① 바람직하지 않은 학생으로 판단되어 밀려나는 학생, ② 학교에 속해 있는 학생으로서 지위에 불만스러운, 학교와의 관련을 원치 않는 비제휴형 학생, ③ 학교의 프로그램, 교육과정을 원만히 완료하지 못하는 교육적 실패자, ④ 능력은 있으나 가정에서의 사회화와 학교의 요구가 일치하지 않아서 중퇴하는 학생, ⑤ 결국은 학교로 다시 돌아오는 일시적 중퇴자인 중지자 등의 5가지 중퇴자 유형을 구분하였다.

송광성 등(1992)은 중퇴 동기에 따라 능동형, 도피형, 불가피형으로 구분하였는데, 자신이 처한 상황을 적극적으로 극복하기 위해서, 자신이 처한 상황에서 도피하기 위해서, 또는 어쩔 수 없는 상황에서 중퇴하는 경우이다. 능동형 중퇴는 경제적 독립의 필요가 있어서 취업을 해야 할 상황이거나 적성에 맞지 않는 실업계 고등학생이 인문계에 진학하기 위해서 중퇴하는 경우가 이에 해당된다. 도피형 중퇴는 더 이상 학교를 다니기 싫거나 장기무단결석으로 수업시수를 채우지 못하여 자퇴를 하게 되는 경우가 이에 해당된다. 불가피형 중퇴는 학생이 생업에 종사해야 하거나 자신의 의사가 아닌 외적 상황의 구속으로 말미암아 어쩔 수 없이 학업을 중단해야 하는 경우를 의미한다.

이숙영·남상인·이재규(1997)는 중퇴 후의 청소년의 생활을 중심으로 크게 적응형, 부적응형으로 나누고 이를 다시 적응형은 진학형, 건전직장형, 취업준비형으로, 부적응형은 보호 및 관리체제에 소속된 청소년, 보호 및 관리체제에 소속되지 않은 청소년으로 구분하였다.

이와 같은 학교중도탈락의 동기에 따른 송광성 등의 분류는 중도탈락 청소년의 진로탐색과 관련하여 유의미한 시사점을 제공해 주며, 학교중도탈락 이후의 생활유형에 따른 이숙영 외의 분류는 중도탈락자의 사회적응을 위한 지원정책의 기본방향을 설정하는 데 도움을 줄 수 있다.

한편 조혜정(1997)은 학교를 거부하는 형태를 ① 학교 교육의 전체를 부질없다고 판단하고 학생자신이 학교가기를 적극적이고 자발적으로 중단하는 경우, ② 그런 판단은 아직 내리지 않은 상태에서 아침에 학교가기 싫어서 집에 있는 '부등교'의 경우로 구분하였다. '부등교'가 장기화되면 제도상 퇴학을 당하여 중퇴자가 되며, 중퇴를 자발적이고 적극적으로 중퇴를 하는 경우와 타의로 중퇴를 하는 경우로 구분하였다. 그리고 청소년들의 학교중도탈락 문제를 이해하기 위해서는 급격하게 변화양상을 보이는 학교문화의 지형과 그를 둘러싼 사회문화적 환경을 분석하는 것이 필요하다고 제기하였다.

그러므로 본 연구는 청소년의 역동적인 삶과 문화에 대한 이해를 바탕으로 하여 학교중도탈락의 복합적인 특성을 살펴보고자 한다. 따라서 본 연구는 학교중도탈락 청소년들의 정체화 방식에 따라 학교중도탈락의 유형을 구분하고자 한다.

2) 학교중도탈락의 맥락적 특성

청소년의 학교중도탈락의 문제는 그 접근에 있어서 청소년 자신의 고유한 특성과 환경적인 특성의 상호작용, 개인과 환경적 맥락과의 상호작용의 측면에서 고려해야 하고, 이에 대한 사회복지의 실천방법을 모색해야 한다. 그러므로 학교중도탈락의 현상을 청소년자신, 가정, 학교, 지역사회와의 맥락에서 상호작용과 상호 관계의 특성을 살펴보고, 학교중도탈락 청소년의 사회적 맥락에 대한 이해를 증진시키고자 한다.

(1) 학교중도탈락과 청소년

학교중도탈락 청소년들의 심리적 특성, 학교에 대한 태도, 또래관계, 학교중도탈락 이후의 진로와 사회적응의 문제를 통해서 학교중도탈락과 청소년의 심리사회적 맥락과의 상호작용을 살펴보고자 한다.

① 심리사회적 특성

학교중도탈락을 하는 청소년들은 일반 재학생에 비해 자존감이 낮고, 자신의 인생에 대한 통제력을 외부에 두는 경향이 있으며, 긍정적인 성인과의 유대감이 약한 성격적 특징을 가지고 있다. 삶에서 중요하게 여기는 것에 있어서도 학교중도탈락 청소년들은 돈을 많이 버는 것과 자신이 살고 있는 지역이나 나라를 떠나는 것으로 나타났다(송복 외, 1996; 이숙영, 1997; 황정숙, 1999; Ekstrom, Goertz, Pollach & Rock, 1986; Fine, 1991).

학교중도탈락 청소년들은 학교에서의 경험과 관련하여 학교에서 거부되었다고 느끼거나 학교에 대해 부정적인 태도를 가지고 있다. 이들을 학교생활과 자신을 일치시키지 못하고 학교에서 배우는 것이 개인의 욕구와 관련이 없다고 느낀다. 또한 학교생활의 성취에 대한 동기화가 부족하여 의지가 없고 자포자기적이며, 사회적으로 고립되어 있으며 감정적으로 불안하다(유성경·이소래, 1998; 구자경 외, 2001). 또한 학교중도탈락 청소년들은 자신과 자신의 주변 사람들에 대한 분노와 원망이 쌓이게 되면서 적대감을 형성하게 될 수도 있으며(구자경 외, 2001), 권위체제에 대한 반사회적 성격을 가지며, 교칙 등에 반항적 태도를 보이기도 한다(이숙영 외, 1997).

또래관계에 있어서도 또래관계와 관련된 스트레스에 대한 개인의 대처능력이 부족하고, 또래관계가 원만하지 못하다(이숙영 외, 1997). 학교에서 좋은 친구관계를 형성하지 못하고 외톨이로 지내거나 인기가 없고, 친구로부터 정서적 지지를 받지 못하며, 오히려 친구로부터 괴롭힘을 당하는 청소년들은 학교에서의 친구관계가 스트레스를 가져오게 되면서 학교를 벗어나고 싶다는 욕구를 가지게 된다(구자경 외, 2001).

그러므로 학교중도탈락 청소년에 대한 시각은 그 개인의 삶 전체의 맥락에서 개인적, 사회적, 구조적 요인들의 복합적인 작용을 고려해야 한다.

② 학교중도탈락 이후 청소년의 생활

학교중도탈락 이후 학교중도탈락 청소년의 반응을 보면, 학교의 굴레를 벗어나 시원하다는 느낌을 가진 사람이 중도탈락 이후 사회에 대한 원망을 가진 사람이 더 많다. 중도탈락 이후의 계획에 대해서는 공부를 계속하려는 사람이 직업을 가지겠다는 사람보다 더 많다(김준호 외, 1993).

그러나 학교중도탈락 청소년들은 진로에 있어서도 교육기회의 상실로 인해 노동시장의 기회가 현저히 줄어들고, 실업률은 높으며, 직업 구하기가 힘들고, 직장을 구했다 하더라도 수입이 적거나, 비기술적인 직장이며, 환경이 열악한 곳에서 일할 가능성이 높다. 또한 산업구조의 재편은 육체노동의 구성비를 감소시키는 방향으로 이루어지고 있기 때문에 앞으로 학교중도탈락자들이 겪을 경제적 불이익은 증가할 수 있다(송광성 외, 1992; 장석민 외, 1988). 이것은 저임금, 실업 등의 사회문제를 야기할 수 있게 된다(송복 외, 1996; 권현진, 1997; 정지인, 1997; Rumberger, 1987). 또 다른 개인적인 불이익은 개인의 심리적·육체적 문제로써, 학업중도탈락자들은 정신적으로나 육체적으로 메마른 정서상태를 유지하는데, 이는 실업이나 저소득이 여기에 직간접으로 영향을 미친다. 즉 실업의 증가는 사람들에게 사회로부터 소외감이나 고립감을 느끼게 하여 이들의 자살률을 증가시키게 하며 심지어 이들은 우울증에 걸려 정신병원에 입원하기도 한다(Rumberger, 1987).

이 외에도 보면, 실업 중도탈락자는 취업자보다 6-10배 이상 범죄에 연루되며(Jones, 1977), 우리나라의 학교중도탈락 청소년의 범죄율은 1981년 이후 증가추세로, 10명 중 3명 이상이 범죄에 연루될 정도로 학교중도탈락과 사회적 비행과의 연관성도 증대되고 있다(교육부, 1997b; 이숙영 외, 1997). 또한 학교중도탈락자는 학교조직에 적응하기 어려웠던 이유와 동일한 이유로 다른 조직에서도 적응상의 어려움을 가지며, 수많은 사회영역에서 복잡한 문제들로 인해 고통을 받게 되고, 사회는 그들에게 적대적이고, 쓸모없다는 느낌이나 실패감을 강화하게 된다(Weidman & Friedmann, 1984).

이상에서 볼 때, 학교중도탈락 청소년들의 학교 밖 현실은 청소년들의 정체성 형성을 돕는 역할을 제공하지 못하며, 경제적 자립을 위한 취업도 불리하다. 이는 학교중도탈락 청소년들이 성인이 된 후에도 뚜렷한 사회적 역할에 참여하게 될 가능성을 감소시키고, 사회적 문제를 야기할 수 있으므로 이들의 사회 적응과 통합을 도울 수 있는 대책이 요구된다.

(2) 학교중도탈락과 가정

청소년의 학교중도탈락에 영향을 미치는 가정배경 관련요인과 청소년의 학교중도탈락 이후 가족관계의 변화를 통해서 학교중도탈락과 가정환경 맥락과의 상호작용을 살펴보고자 한다.

① 가정배경의 특성

가정의 사회경제적 지위, 가족구조, 가족의 역할기능은 청소년의 학교중도탈락과 관련요인으로 작용한다(이숙영 외, 1997; 박수민, 1998; 유성경·이소래, 1998; 이경림, 2000). 부모의 사망, 이혼, 별거나 계부 혹은 계모와 같은 가족 구조상의 결손이 있을 때 학교중도탈락률이 높으며(이숙영 외, 1997; 유성경, 이소래, 1998; 이경림, 2000), 이러한 경향은 구조적 결손가족의 지리적 이동성이 높을 때 더욱 강화된다고 한다(유성경·이소래, 1998; Astone & McLanahan, 1994). 또한 가족의 사회경제적 지위가 낮을 때 가정이 여유가 있는 청소년보다 중도탈락률은 두 배 정도 높다(유성경·이소래, 1998; Dupper, 1993; Franklin, 1992). 즉 가정으로부터의 경제적 지원을 제대로 받지 못하는 청소년들은 경제문제로 인한 가족 간의 갈등을 더 빈번하게 받게 되며, 진로에 대한 포부수준도 낮아지며, 문화적 자극을 받을 수 있는 기회가 줄어듦에 따라 학교적응에 있어서도 불리한 위치에 있게 된다(구자경 외, 2001).

그러나 과거 학교중도탈락의 문제는 대부분 결손과정이나 경제적 빈곤층에서 많이 발생하는 것으로 알려져 왔으나, 최근에는 경제적으로 여유 있는 가정에서 나타나고 있다(교육부, 1997b; 김경식, 1997b). 즉 가족의 구조적 결손이나 낮은 사회경제적 지위보다는 가족의 기능적 결손이 학교중도탈락을 설명하는 더 중요한 요인이 되고 있다(이숙영 외, 1997; 유성경·이소래, 1998).

가족의 기능적 측면에서 부모의 지나치게 허용적인 양육태도, 과잉보호, 과도한 성취기대도 학교중도탈락 관련요인으로 지적된다(이숙영 외, 1997; 김경식, 1998a). 한편 부모의 높은 교육적 관심은 일반 재학생이나 중도탈락생과 차이가 나타나지 않지만, 학교성적에 대한 관심은 학교중도탈락 청소년의 부모가 재학생보다 덜 가지는 것으로 나타났다(김경식, 1998b).

이 외에도 부모나 윗형제의 중퇴경험자 유무, 교육목표에 대한 낮은 지지, 많은 가족 수, 통학, 언어와 문화적 차이, 의복의 부족, 과도하게 스트레스를 주는 가정 분위기, 잦은 전학, 가장의 부재, 편부모 등이 가족요인으로 설명된다(Dupper, 1993).

그러므로 청소년의 학교중도탈락을 예방하기 위한 가정의 노력은 가족관계의 기능면을 강화할 수 있도록 가족 간 의사소통 관계를 개선하고, 가정이 청소년 자녀를 효율적으로 양육할 수 있는 심리적, 문화적 자원을 구축할 수 있어야 한다.

② 학교중도탈락 이후 가정의 변화

자녀의 학교중도탈락에 대한 부모의 반응을 보면, 부모는 자신의 자녀가 학교중도탈락이라는 큰 실망을 준다 하더라도 자녀를 포기하기보다는 다른 학교로의 전학가능성을 타진하거나 검정고시학원이나 기술학원 등에 보내려 했다고 한다(김준호 외, 1993). 그러나 학교중도탈락 이전이나 이후에도 밤늦은 귀가, 외박이 지속되고, 하는 일 없이 시간만 보내고 있어 부모를 걱정시키기도 한다(김경식, 1997a).

한편 학교중도탈락은 학교중도탈락 청소년의 가족에게 위기경험으로서 자녀의 학교중도탈락으로 인한 절망감과 실패감으로 인해 상당한 스트레스를 경험하게 된다. 즉 자녀가 학교중도탈락을 하면, 많은 부모들은 자신의 삶이 실패한 것으로 단정하여 삶의 의미를 상실하고, 근로의욕이 저하되며, 형제들은 학교중도탈락 청소년과 부모의 영향으로 인하여 스트레스를 경험하게 된다(이숙영 외, 1997). 자녀의 학교중도탈락이 부모들에게는 당혹과 좌절을 경험하게 하며, 문화적 충격으로 받아들이게 된다(최보문, 2000).

그러므로 학교중도탈락 문제에 대한 접근은 학교중도탈락 청소년과 부모 양측을 새롭게 이해할 필요가 있다. 따라서 학교중도탈락 청소년의 부모와 가족이 학교중도탈락이라는 사건에 적응할 수 있도록 사회적 지지자원의 제공과 교류가 요구된다.

(3) 학교중도탈락과 학교

청소년의 학교중도탈락에 영향을 미치는 학교 관련요인들의 특성, 최근의 '교실붕괴' 현상과 학교중도탈락과의 관련성을 통해서 학교중도탈락과 학교환경 맥락과의 상호작용을 살펴보고자 한다.

① 학교요인의 특성

청소년의 학교중도탈락에 영향을 미치는 요인 중 학교체계 관련요인으로는 학교의 구조적 특성, 교칙운영과정, 교육과정, 학교조직과 분위기 등이 있고, 학교에서의 행동 및 태도 관련요

30

인으로는 학업, 학칙위반, 학교생활에의 참여, 교우관계, 교사와의 관계 등이 있다(유성경·이소래, 1998; 박영숙, 1999). 그리고 교육과정의 획일성, 학교공부의 지루함, 비민주적 학교운영, 구성원 간 친밀감 부족, 입시 및 성적 위주의 학교교육의 요인들이 청소년의 학교중도탈락에 영향을 미친다(이혜영, 2001).

또한 학교중도탈락 원인을 조사한 연구들을 보면, 1995년에 이루어진 부산시 교육청의 설문 조사에서는 중도탈락생 259명을 대상으로 15개 항목 중 4개 항목을 선택하도록 한 결과 1위 '엄격한 학교 규율', 2위 '불량한 친구 관계', 3위 '성적 위주의 교육·성적 압박', 4위 '성격 결함·인내력 부족'으로 나타났으며, 가정불화·가족관계는 8위로 나타났다(교육부, 1997b). 송복 등의 연구(1996)에서는 100명의 중도탈락자를 대상으로 중퇴 이유를 조사한 결과 1위 '학교생활이 재미없어서', 2위 '가정불화', 3위 '학업성적', 4위 '친구의 권유' 순으로 나타났다. 교육부가 1996년에 5개 시도 중·고등학생 23,000여 명을 대상으로 실시한 설문 조사에서는 36.1% 의 학생이 한 번 이상 중도탈락의 충동을 느꼈다고 응답하였다. 중도탈락 충동을 느낀 이유는 '학교가 재미없어서'가 가장 응답 비율이 높았으며, 그 다음으로는 '학업 성적', '가정불화'의 순으로 나타났다. 이 조사에서 학교생활에 불만스러운 점에 대한 응답은 1위 '엄격한 학교의 규칙 및 규율', 2위 '성적이 나쁘다는 이유로 선생님이 차별대우', 3위 '신세대를 이해하지 못하는 선생님의 훈육방식', 4위 '입시교육 위주의 학교 분위기', 5위 '성적 우수 학생 중심의 수업방식'으로 나타났다(교육부, 1997b).

이를 종합해 볼 때, 학교중도탈락 청소년, 일반 재학생 두 집단 모두 학교중도탈락의 가장 큰 원인을 '학교문제'에 두고 있다. 학교생활이 불만스러운 재학생들도 동기만 주어지면 학교중도탈락의 가능성을 가진 잠재적 중도탈락자로 예견할 수 있다.

② 학교중도탈락과 '교실붕괴'와의 관련성

학교중도탈락의 위험이 있는 잠재적 중도탈락학생들은 학교에 재학하고 있으나 학습활동에 전혀 참여하지 않는 학업의욕 상실자들이다(조혜정, 1997; 구본용, 2001). 중고등학생들 중 지난 한 달 동안 학교를 그만두고 싶다는 생각을 해본 학생은 과반수 이상이었으며(구자경 외, 2001), 18.6%의 학생들이 하루 평균 1시간 이상 수업시간에 엎드려서 자며, 교사들의 23.3%가 학생들이 교실에서 자도 내버려둔다고 보고하고 있다(구본용·정찬석, 2001). 이처럼 교사는 수업은 하지만 학생은 듣지 않고 반응하지 않을 뿐만 아니라 실질적으로 학습을 포기하거나 태만한 학습활동을 하고 있는 학생들이 늘고 있고, 수업시간에 잠을 자는 학생들이 일반화되어 있는 교실 내 분위기는 우리나라 공교육의 위기를 단적으로 보여주는 결과이다(윤철경 외, 1999; 구자경 외, 2001).

그러므로 최근에 대두되고 있는 학교교육의 위기 현상은 청소년의 학업중도탈락 현상에 대한 전통적 접근을 근본적으로 재검토할 것을 요구하고 있다. 즉 이러한 공교육의 위기는 현재 중고등학교에서 학교 부적응으로 인한 중도탈락자가 증가하고 있으며, 학교교육에 대한 불신과 새로운 교육에 대한 열망으로 학교 밖의 대안을 찾아 자발적으로 중도탈락하는 학생들이 증가하고 있다는 사실에서 알 수 있다. 그리하여 대안학교(특성화고등학교) 입학 경쟁률이 매년 높게 나타나고 있고 정규 학교가 아닌 비형식 교육기관에 대한 수요도 늘고 있다. 또한 국내 학교교육에 만족하지 못하는 고소득 중산층의 조기 해외 유학에 대한 수요도 증가하고 있음은 주지의 사실이다. 이와 같은 학교교육에서의 이탈 현상은 학교교육이 사회변화에 부응하여 변화된 모습을 보이지 못함으로써 학교에 대한 학생과 학부모의 기대나 신뢰가 전반적으로 저하되었기 때문에 나타나고 있는 것이라고 볼 수 있다(조혜정, 1997; 최보문, 2000; 이혜영, 2001).

'교실붕괴, 학교붕괴'로 표현되는 우리나라 공교육의 위기는 학교가 사회 변화와 이에 따른 신세대의 변화에 적절하게 대응하지 못하여, 세대 간의 문화적 충돌은 불가피할 수밖에 없게 되어 나타난 결과라고 볼 수 있다.

(4) 학교중도탈락과 사회

청소년의 학교중도탈락에 영향을 미치는 사회요인의 특성과 청소년의 학교중도탈락으로 인한 사회적, 국가적 손실을 파악함으로써 학교중도탈락과 사회환경 맥락과의 상호작용을 살펴보고자 한다.

① 사회요인의 특성

청소년의 학교중도탈락에 영향을 미치는 사회요인으로는 학교 밖에서의 친구교제, 일, 활동 및 사건 등의 요인과 지역사회 및 사회제도와 관련하여 사회의 분위기, 동년배집단, 지역사회 내 지원 프로그램 등의 요인 등이 있다(유성경·이소래, 1998). 그리고 상업주의적 소비문화, 대중문화 확산, 청소년에 대한 사회적 보호체계 미약, 정보화 등 사회변화로 인한 학교 기능의 약화 등과 같은 사회요인의 특성이 청소년의 학교중도탈락에 영향을 미친다(송복 외, 1996).

다시 말하면, 학교나 가정이 청소년들의 학교중도탈락에 있어 방출요인으로 작용하기도 하지만 사회에는 이들을 흡입하는 요인들이 존재하고 있음을 알 수 있다. 즉 우리사회에 팽배되어 있는 유흥 및 향락문화는 청소년들에게 즐거움을 제공하고, 향락산업은 일시적인 일자리를 제공함으로써 그들의 가출과 비행, 중퇴를 조장하는 결과를 낳고 있다. 학교생활에서 재미와 의미를 상실한 청소년들이 일단 향락문화에 접촉하면 일시적인 해방감을 경험하게 되고, 숙식 해결이 가능하게 되면 가출을 하게 되기도 하고, 가출의 장기화는 학교중도탈락으로 이어지게 된다(김경식, 1997a).

또 다른 요인으로 정보화가 학생들을 학교 밖으로 끌어내는 힘으로 작용한다. 사이버 공간이 계속 확대되는 미래 사회에서는 언제 어디서나 필요로 하는 학습이 가능하게 되어 학교 이외의 다양한 학습 공간이 등장하게 될 것이므로 학교가 학습조직으로서의 독점적인 지위를 상실하게 될 것이다. 이는 사이버 세계 친화적인 신세대 청소년들 사이에 학교교육을 중시하지 않는 가치관을 유포시킬 가능성이 크다(이혜영, 2001).

이 외에도 학교 밖, 지역사회에 학교에서의 부적응을 가속시키는 부정적인 또래집단의 존재가 학교중도탈락과 관련이 있다. 특히 가족이나 학교와 유대관계가 부족한 청소년의 경우 유일하게 함께 시간을 보내고 어울리는 사람이 바로 친구이기 때문에 친구들의 영향을 쉽게 받게 되고, 이러한 친구들과 함께 가출을 하거나 비행, 범죄를 저질러 학교중도탈락에 이르게 되기도 한다. 학교중도탈락 청소년의 범죄율(중도탈락범죄자/중도탈락생)은 1981년 이후 증가 추세이며, 10명 중 3명이 범죄에 연루되어 있어 학교중도탈락은 사회적 비행과의 연관성이 증대되고 있다(김준호 외, 1993).

이상에서 볼 때, 학교를 중도탈락하는 청소년들의 특성은 과거와 변화하고 있음을 알 수 있다. 그러므로 급변하는 사회에서 적응양상이 변화라고 있는 청소년을 사회 속의 개인이라는 맥락에서 새로운 시각으로 보아야 한다.

② 학교중도탈락으로 인한 손실

학교중도탈락으로 인한 불이익은 개인적 수준에서뿐만 아니라 집합적 수준에서도 국가나 사회에 많은 비용을 초래하게 된다. 학교중도탈락이 가져오는 사회적인 문제로는 첫째, 세입의 감소이다. 학교중도탈락자와 졸업자 사이의 수입의 격차는 국가의 입장에서 장차 세금으로 거두어들일 수 있는 수입을 놓치게 된다. 둘째, 국가나 사회에 많은 복지비용을 초래하게 된다. 사회적응에 필요한 기술을 습득하지 못함으로 인해 비숙련직, 저임금의 직업에 종사하게 되고, 이들은 저소득 빈곤층을 형성하면서 국가로부터 복지나 의료원조, 실업원조를 받으며 생활하게 되어 이들에게 지불되는 사회복지비용 국가나 사회전체가 부담하게 된다. 이러한 사회적 비용은 학생들을 사회에 머물도록 하는 여러 프로그램에 드는 비용보다 훨씬 그 규모가 크다. 이 외에도 학교중도탈락의 사회적 결과로 정치참여 감소와 무관심, 사회범죄의 증가, 직업안정 파괴, 세대 간 교류의 감소 및 문화단절 등과 같은 국가적 손실을 초래한다(송복 외, 1996; 권현진, 1997; 정지인, 1997; Levin, 1972; Levine, 1984; Rumberger, 1987).

지금까지 학교중도탈락 청소년에 대한 연구는 부정적인 측면이 강조되어 그들에 대한 시각이 편향될 수밖에 없었다. 그러므로 학교중도탈락 청소년에 대한 연구는 그 개인적 요인에 대한 연구는 물론 사회구조와의 상호 의존적 관계에 대한 연구가 이루어져야 한다. 즉 청소년의 학교중도탈락을 문제행동으로만 진단하는 것이 아니라 학교중도탈락이라는 행동의 의미 자체의 변화에 주목하여 사회구성원인 학교중도탈락 청소년을 어떻게 재정의 할 것인가에 대한 논의가 이루어져야 할 것이다.

Ⅱ. 연구방법

본 연구는 연구의 목적과 이에 따른 구체적 연구문제를 수행하기 위하여 문화기술적 연구방법을 채택하였다. 왜냐하면 지금까지의 학교중도탈락 청소년을 주제로 한 대부분의 연구는 질문지조사에서 나타난 반응의 빈도를 처리하여 현황, 원인, 유형, 중퇴 이후의 생활을 보고하는 것이었다(김준호 외, 1993; 김경식, 1997b; 이은희, 1997; 김경식, 1998b; 박영숙, 1999; 정진구, 1999; 황정숙, 1999). 즉 청소년들이 어떤 사회·문화적 맥락 속에서 학교를 중도탈락하게 되었으며, 현재 그들의 삶 속에 내재된 어떤 문화를 갖게 되었으며, 이러한 현상이 지니는 복지적 의미는 무엇인가를 심층적으로 파악하는 데 제한점이 있었기 때문이다.

문화기술적 접근은 한 사회의 구성원들이 살아가는 맥락을 중요시한다. 이러한 맥락 속에서 그들은 상호작용 하면서 복잡한 현실을 구성해 나가고 있다. 각 개인은 서로 처하게 되는 여건이 다르고 기질이 다르기 때문에 구성원들의 구체적인 경험은 서로 동일할 수가 없다. 따라서 구성원들은 언제나 동일한 목소리를 내는 것이 아니라 다양한 목소리를 낸다. 그리고 여기에는 구성원들의 이해관계가 반영되어 있다. 구성원들의 이해관계, 구체적인 경험에서 비롯된 지식과 신념의 차이로 인하여 한 사회는 매우 복잡한 양상을 띠게 되는 것이다. 이러한 복잡한 양상을 이해함에 있어 문화기술적 연구방법의 역할은 문화나 구조를 하나의 제한(constraints)으로 파악하면서 그러한 제한에 대해서 사람들이 구체적이고 직접적인 삶의 현장, 즉 일상적인 실천을 통해서 어떻게 싸워가고 있는가를 보여준다(Willis, 1989). 이것은 학교중도탈락

36

청소년이 학교중도탈락 이전과 이후의 일상적인 실천을 통해서 자신들을 제한하고 있는 것들을 사회문화적인 맥락에서 파악하고자 하는 본 연구의 목적에 부합하며, 본 연구가 문화기술적 접근방법을 취하게 된 이유가 된다.

문화기술적 연구가 유용한 경우를 살펴보면 다음과 같다. 첫째, 연구하려는 현상, 대상, 지역에 대한 선행연구와 사전지식이 거의 없을 때이다. 둘째, 복잡하고도 미묘한 사회적 관계 또는 상징적 상호작용의 탐구에 유용하다. 셋째, 소집단 또는 소규모의 사회역동에 관한 총체적 연구에 유용하다. 넷째, 사건의 맥락과 흐름에 대한 심층적 이해를 하고자 하는 경우이다. 다섯째, 현상 이면에 내재한 가치체계, 신념체계, 행위규칙, 적응전략 등의 파악에 유용하다. 반면, 문화기술적 연구가 갖는 제한점도 적지 않은데, 우선 국지적인 현장을 대상으로 연구하는 데서 초래하는 보편성의 결여를 들 수 있다. 또한 장기적인 참여연구를 하는 데서 기인하는 연구자의 부담이나 연구산물의 수량적 제한도 큰 약점이다. 과학적인 검증절차 대신 관찰과 면담에 치중하는 데서 오는 객관성의 결여나, 연구대상의 자유와 인권보장이라는 윤리적인 문제, 현상의 기술에 치중하는 데서 오는 문제해결력의 부족 등도 제한점으로 지적되고 있다(조용환, 2000a).

그러므로 본 연구는 학교중도탈락의 맥락과 학교중도탈락 청소년의 삶의 흐름에 대한 심층적 이해를 하고자 한다. 현상적인 차원에서 벌어지는 일들을 관찰하고, 이를 기술하는 '사실을 수집'하는 것보다는 그 이면에 일어나는 여러 맥락들과의 연관, 그리고 그런 여러 맥락들이 해석되고 그 의미가 변화되는 과정들을 이해하는 데보다 관심을 갖는다.

따라서 본 연구의 접근방법이 지니는 의의를 제시하면 다음과 같다.

첫째, 기존의 연구들이 원인－결과론적인 패러다임 중심으로 지나치게 학교중도탈락 청소년을 문제청소년으로 낙인찍는 경향이 있었다. 이에 비하여 본 연구는 학교중도탈락 청소년의 삶을 있는 그대로 서술함으로써 학교중도탈락 이전과 이후의 구체적인 경험을 알아낼 수 있고, 이를 통하여 학교중도탈락 청소년에 대한 심도 있고 폭넓은 이해가 가능하다.

둘째, 학교중도탈락 현상에 대한 좀 더 심층적인 연구를 위해서 학교중도탈락 청소년과 그들의 성장, 삶에 의미 있는 중요한 영향을 미치는 친구, 교사를 연구대상에 포함시킬 필요가 크다. 문화기술적 연구는 주 제보자를 중심으로 주변의 다양한 관련자를 참여시킬 수 있다.

셋째, 학교중도탈락 청소년의 삶에 대한 문화기술적 접근은 학교중도탈락의 동기나 행위의 복잡한 관계를 해석적인 관점으로 포착하여 학교중도탈락 청소년의 삶과 행동을 지배하는 숨겨진 구조를 밝힐 수 있다. 그러므로 외현적으로 나타난 현상의 숨겨진 원인을 밝히거나 행동이나 태도의 깊은 구조를 밝히는 데 효과적이다.

넷째, 학교중도탈락 청소년이 학교중도탈락 이전과 이후의 구체적이고 실제적인 삶의 현장에서 보여지는 심리적 기제, 가치, 신념, 적응전략, 사회적 지지망 등을 파악하여 집중적이고 효과적으로 연결지어 기술함으로써 학교중도탈락 청소년을 위한 사회복지실천의 함의를 발견할 수 있다.

1. 예비면접

예비면접은 연구자가 택한 연구주제가 경험적 자료를 통해 분석될 수 있는 것인지, 그러한 자료를 수집할 수 있는지를 확인하기 위한 것이기 때문에 제보자를 선정하는 데 있어서 학교 중도탈락 청소년을 대표할 만한 인물인가 하는 점을 중요시하였다. 이에 예비면접은 2000년 9월부터 2001년 4월 사이에 이루어졌다.

연구자는 학업중도탈락 청소년들에게 접근하기 위하여 서울에 있는 보호관찰소와 청소년상담기관에 협조를 의뢰하였다. 보호관찰소는 한 달에 한번씩 보호관찰대상 청소년들이 방문을 하기에 보호관찰관이 대상 청소년을 연구자에게 소개해주면 1회 30분내지 1시간 정도 면접을 하였고, 면접대상청소년이 추후 면접에 동의하는 경우 다른 시간과 약속 장소를 정하여서 면접을 실시하였다. 서울에 소재하고 있는 청소년상담기관은 연구자와 개인적인 친분관계가 있는 상담원의 소개를 받아 이루어졌는데, 연구자가 상담원과 대상청소년이 상담약속이 되어 있는 날 방문하였고, 상담원이 대상청소년과의 면접을 주선하였다. 보호관찰소에서 면접을 한 청소년들과 마찬가지로 방문한 상담기관에서 30분내지 1시간 정도 면접을 하였고, 추후 면접 약속을 정하였다.

보호관찰소와 청소년상담기관을 통한 면접은 그 당시, 그 장소에서는 청소년과 접촉하기 수월하여 면접이 진행될 수 있었으나, 추후 면접약속을 하고 만나는 청소년들이 약속장소에 나오지 않거나, 전화를 받지 않거나, 다른 개인적 사정으로 약속을 연기하는 경우가 많아져 면접을 지속적으로 진행하기가 어려워졌다.

연구자는 보호관찰소와 청소년상담기관과 병행하여 학교중도탈락 청소년들에게 접근하기 위한 방법으로 연구자가 다니고 있는 교회의 중고등부 학생에게 개별적인 부탁을 함과 동시에 교회 중고등부 홈페이지 게시판에 도움을 요청하는 글을 올려놓았다. 그리하여 교회 학생들이 자신의 친구들 중 복학을 하거나 현재 학교를 다니고 있지 않은 친구를 소개하여 주어 예비면접이 진행되었다.

예비면접은 보호관찰소와 청소년상담기관에서 소개받은 14명, 교회 중고등부 학생의 친구 6명을 중심으로 1~2회에 걸쳐 이루어졌다. 예비면접을 했던 학교중도탈락 청소년의 인적사항은 <표 1>에 제시하였다.

예비면접은 연구자가 택한 주제가 면접 자료를 통해 분석될 수 있는 성질의 것인지를 확인하는 성격이 강했으므로, 대상 면접자들이 학교중도탈락과정, 그 이후의 생활과 그들이 놓여있는 현재의 상태를 표현하도록 하는 데 주력하였다.

예비면접을 통해서 연구자는 학교중도탈락 혹은 학교중도탈락의 상황 속에서 청소년들의 구체적이고 직접적인 삶의 현장, 일상적인 생활을 통해서 이들이 학교중도탈락에 대해 어떻게 인식하고, 이해하며, 대처해나가고 있는지를 발견하였고, 이를 기초로 연구주제를 보다 구체화시켜 심층면접을 계획하였다.

<표 1> 학교중도탈락 청소년 예비면접자 인적사항

고유 번호	연령 · 성별	중퇴 시기	가족사항	중퇴계기	현재
A	만 18세 · 남	인문고1	부, 모, 누나(대학1년)	특수절도	직업학교
B	만 17세 · 남	실업고1	부(중3 때 이혼)	공부에 흥미 없어서	공장(숙식)
C	만 18세 · 남	실업고1	모(중1 때 이혼), 남동생(중2)	공부에 흥미 없어서	공장(숙식)
D	만 15세 · 남	중3	부, 모, 누나(인문고3)	학교가도 재미없어서	식당음식배달
E	만 16세 · 여	중2	부, 모, 남동생(중1)	친구랑 놀다가 장기결석	
F	만 18세 · 남	실업고1	부, 모, 형(재수생)	고교 입학 후 선배들에게 찍힘. 학교생활이 생각했던 것과 달라서	오락실 (엄마 도와드림)
G	만 15세 · 남	초등4	부(1994, 이혼), 형(군인)	장기결석	
H	만 17세 · 남	인문고1	부, 모	장기결석	다이어리공장
I	만 17세 · 남	실업고1	부, 모, 누나, 형	절도	
J	만 18세 · 남	인문고2	부, 모, 누나	공부에 흥미 없어서 휴학	검정고시학원
K	만 18세 · 남	인문고2	부, 모, 여동생(고1)	장기결석	옷가게
L	만 16세 · 여	중2	부, 모, 여동생(고1)—현재 이모, 이모부 살고 있음	장기결석	김밥집, 고입검정고시합격, 방통고입학준비
M	만 17세 · 남	인문고1	친척	폭력	호프집
N	만 16세 · 여	실업고1	여동생(중3자퇴), 남동생(중1)	가정형편	주유소, 방통고진학
O	만 14세 · 여	중3	언니, 남동생(중1)	가정형편	주유소
P	만 16세 · 남	인문고1	부, 모, 형(고3)	장기결석	노래방
Q	만 14세 · 남	중1	부, 모, 형(고3)	2000년 자퇴, 2001년 복학 후 장기결석	
R	만 17세 · 여	인문고1	부, 모, 여동생(고1)—현재 오빠들과 동거 중	장기결석	패스트푸드점
S	만 18세 · 남	인문고2	모(중1 때 이혼), 남동생(고1)	장기결석	노래방
T	만 16세 · 여	실업고1	부, 모, 남동생(중2)	학교생활이 의미 없어서	

* B와C는 친구, N과 O는 자매

2. 주 제보자의 선정

문화기술적 심층면접에서는 연구자의 의문들을 풀어주고 그 문화를 보다 잘 이해할 수 있도록 정보를 제공하는 사람을 '주제보자(informant)'라고 부른다.

좋은 제보자의 조건은 첫째, 그 지역 혹은 집단에 오래 연고를 갖고 있어서 그 문화를 속속들이 잘 아는 사람, 둘째, 이야기하는 것을 즐겨하는 사람, 셋째, 비학술적이고도 도속적인 언어를 사용하되 주관적인 분석을 하지 않는 사람이다(Spradley, 1979).

예비면접 자료를 분석한 후 연구자는 학교중도탈락의 사회적 맥락을 보다 잘 드러낼 수 있는 방향으로 주제보자들을 선정하였다. 연구자는 주제보자를 선정하기 위하여 평소 친분이 있는 보호관찰관, 상담원, 주변에 학교를 그만 둔 친구가 있는 학생들과 제보자의 선정기준에 대해 상의하고, 그 기준에 해당하는 학교중도탈락 청소년의 개인적 성향과 접근가능성에 대한 조언을 들었다. 또한 본 연구를 수행하기 위해서는 주제보자로서 학교중도탈락 청소년뿐만 아니라 친구, 담임교사와의 심층면접이 이루어져야 하므로, 친구와 담임교사가 연락이 가능하고, 중요한 정보를 줄 수 있어야 했다.

주제보자의 선정과정은 학교중도탈락 청소년, 친구에 대한 접근이 동시에 이루어졌다. 학교중도탈락 청소년은 심층면접에 동의하지만 그 친구가 동의하지 않는 경우도 있었고, 주변에 학교를 중도탈락한 친구가 있는 경우에는 학교중도탈락 청소년 당사자가 심층면접에 동의하지 않기도 하였다. 또한 학교중도탈락 청소년, 그의 친구는 심층면접에 동의하였으나, 교사의 소재를 파악하기 힘든 경우가 발생하기도 하였다.

그래서 연구자는 예비면접 대상자 중에서 본 연구의 목적에 동의하며, 심층면접에 참여할 의사를 가지고 있고, 친한 친구와 담임교사와의 연락이 가능한 2명의 학교중도탈락 청소년을 주제보자로 선정하였으며, 그들의 친구, 담임교사를 포함하여 총 6명의 주제보자를 선정하였다.

주제보자의 선정에서는 학교중도탈락 청소년의 삶을 전형적으로 보여주는가가 가장 중시되었다. 이를 위해서 학교중도탈락 청소년의 선정은 학교중도탈락 당시의 학교와 시기, 성별, 가족관계, 가정의 경제적 수준, 학업성적을 주로 고려하였다.

선정된 제보자 중 우진이는 고1 때 20일가량 장기무단결석을 하였고, 그 후 2학년에 진학하여서도 학교에 출석하지 않아 장기결석으로 인하여 자퇴처리된 청소년이고, 성원이는 실업계 고등학교 1학년 때 학교를 자퇴한 청소년이다.

그러나 성별의 고려는 일반계 고등학교와 실업계 고등학교에서는 여학생보다 남학생의 중도탈락률이 더 높으나, 1996년 이후 그 격차가 감소하는 경향을 보이므로, 성별에 관계없이 예비면접 대상자 중에서 심층면접에 동의한 2명을 연구의 주제보자로 선정하였다.

학교중도탈락 청소년의 선정과정이 보호관찰소, 청소년상담기관 그리고 교회 중고등부 학생의 친구들을 통해서 이루어졌으므로, 면접을 약속한 학교중도탈락 청소년이 친구와 같이 예비면접에 나오기도 하였고, 교회 학생들을 통해서 소개를 받은 경우는 교회학생과 학교중도탈락 청소년이 함께 예비면접에 참여하였다. 그러므로 학교중도탈락 청소년의 친구는 특별한 선정기준 없이 심층면접에 동의를 하는 2명을 주제보자로 선정하였다.

교사의 선정은 연령, 성별, 교직경력, 현재 직위를 주로 고려하였다. 또한 교사가 공립학교에 근무하는 경우 전근 시 소재를 파악하는 데에 어려움이 있으므로 현재 연락이 가능해야 했다. 그러므로 현재 연락이 가능하고, 심층면접에 동의한 2명의 교사를 제보자로 선정하였다.

이러한 기준에 따라 선정된 주제보자의 인적 사항을 정리하면, 다음의 <표 2>과 같다.

<표 2> 주제보자의 인적사항

	이 름	박우진	이성원
학교중도탈락청소년	성별 및 연령	남, 1983년생(만 18세)	여, 1985년생(만 16세)
	중퇴시기 및 당시 학년	2000년 6월, 인문고 2학년	2001년 5월, 실업고 1학년
	부모님 연령	부 (45세), 모 (42세)	부 (41세), 모 (43세)
	부모님 직업	부 (사업), 모 (회사원)	부 (자영업), 모 (가정주부)
	부모님 교육수준	부 (대졸), 모 (대졸)	부 (고졸), 모 (고졸)
	현재 가족구성원	모, 남동생(고1)	부, 모, 남동생(중2)
	가정의 월평균 수입	100만 원 이상~200만 원 미만	100만 원 이상~200만 원 미만
	종 교	무	기독교(지금은 안나감)
친구	이름, 성별, 연령	영은, 여, 1983년생(만 18세)	진희, 여, 1985년생(만 16세)
	우진/성원이와 알게 된 시기	초등학교 동창, 6학년 때 같은 반	고교 입학 후, 동아리 활동을 통해서
	현재 학년	인문고 3학년	실업고 1학년
	중퇴경험	무	무
	부모님 연령	부 (세), 모 (세)	부 (41세), 모 (40세)
	부모님 직업	부 (사업), 모 (식당운영)	부 (자영업), 모(부와 같이 함)
	부모님 교육수준	부 (대졸), 모 (고졸)	부 (고졸), 모 (고졸)
	현재 가족구성원	부, 모, 남동생(고1)	부, 모
	가정의 월평균 수입	200만 원 이상~300만 원 미만	100만 원 이상~200만 원 미만
	종 교	기독교	기독교
담임교사	성 별	남	여
	연 령	1969년생(만 32세)	1972년생(만 29세)
	교직경력(담임경력)	7년(6년)	7년(2년)
	담당교과목	과 학	사 회

* 고유번호: 박우진 - 1, 우진의 친구 - 2, 우진의 담임 - 3, 이성원 - 4, 성원의 친구 - 5, 성원의 담임 - 6

3. 심층면접

문화기술적 접근을 취한 연구자는 '있는 그대로' 최대한 일상적인 생활 장면에서 심층면접을 수행하였다. 따라서 본 연구의 심층면접은 2001년 6월 말부터 9월 초에 걸쳐 제보자의 사정에 따라 1-4회 진행되었다. 또한 학교중도탈락 청소년과 그 친구들과는 심층면접 외에 제보자와의 래포(rapport) 형성을 위해 2-3차례 연구자와 개별적으로 또는 함께 만남을 가졌으며, 이메일이나 핸드폰 문자메시지를 서로 근황을 묻곤 하였다.

주제보자들의 심층면접은 개별면접을 중심으로 이루어졌지만, 개별적인 심층면접 이전에 우진이와 영은이는 2001년 6월 말에, 성원이와 진희는 2001년 7월 중순에 각각 1회씩 함께 만나 1:2의 면접을 진행하였다. 이는 친한 친구와 함께 면접을 진행하는 것이 일 대 일로 만나서 면접을 진행하는 것보다 더 쉽고 편하게 이야기를 할 수 있는 분위기를 만들어 주었고, 연구자와 보다 친숙해질 수 있을 거라 생각했기 때문에 친구와 함께 만나는 것에 연구자가 동의를 하였다. 또한 주제보자들의 이야기에서 생각이 다른 부분과 동조하는 부분 등 그들의 생각과 이야기가 흘러가는 맥락을 관찰할 수 있었으며, 개별면접보다 면접자료를 보충하기에 용이하였다.

개별적인 심층면접은 대상에 따라 2001년 8월부터 9월 초까지 1회에서 3회에 걸쳐 진행되었다. 심층면접은 우진, 영은, 진희는 각각 2회씩의 개별면접이 이루어졌고, 성원이는 3회의 개별면접이 이루어졌다. 그리고 우진이와 성원이 담임교사의 심층면접은 각각 1회 진행되었다.

면접시간은 제보자의 사정에 따라 만나기 수월한 시간과 장소를 택하였으며, 각 심층면접 때마다 면접을 위한 질문을 미리 준비하고, 면접 내용은 상황에 따라 녹음기를 이용하여 녹음하거나 현장노트에 기록하였다.

우진이와의 1차 면접은 우진이가 PC방 아르바이트를 아침에 마치고 집에서 자다 나온 오후에 이루어졌다. 우진이는 졸리고, 배도 고프다고 해서 피자집에 들어가 음식을 먹으며, 우진이와의 1회 심층면접을 진행하였다. 2회 면접은 우진이가 일하는 노래방에서 이루어졌다. 1회 면접이 끝나고 그사이 우진이는 노래방으로 일자리를 옮겼다. 연구자가 다음 약속을 위해 전화를 걸었을 때, 아침에는 자고 낮에 노래방에 일하러 가기 때문에 시간을 내기 어려우니, 저녁 먹을 시간에 한 30분 정도 시간을 낼 수 있다고 했다. 저녁은 노래방에서 시켜 먹거나 근처에 나가서 먹기도 하니 노래방으로 만나러 오라고 했다. 우진이와의 2회 면접은 우진이가 일하는 노래방에서 2시간가량 이루어졌고, 다시 장소를 옮겨 같이 저녁을 먹으며 30분가량 면접이 진행되었다.

우진이 친구 영은이와의 2회에 걸친 심층면접은 영은이가 인문계 고등학교 3학년이기 때문에 보충수업시간이 끝나는 시간에 영은이의 학교 근처에서 이루어졌다.

성원이와의 개별적인 심층면접은 총 3회에 걸쳐 실시되었다. 성원이와의 1회 면접은 커피숍에서 진행하였다. 성원이에게 있어 커피숍은 분위기가 좋지만, 친구들끼리는 비싸서 잘 못가는 곳이며, 청소년의 출입을 제한하는 장소이기도 하였기에 연구자와 함께 같이 가기를 원했던 장소이다. 1회 면접이 끝나고 2회 면접약속을 정하였는데, 1회 면접 시에 길가에 있는 돈까스 전문 음식점을 보고 먹고 싶다고 하여 2회 면접장소는 돈까스 전문점에서 만나 같이 식사를 하기로 하였다. 성원이에게는 돈까스 전문점 역시 친구들과 가기에는 경제적으로 부담스러워 잘 가지 않는 장소였다. 3차 면접은 전화로 약속을 정했는데, 성원이는 자신 때문에 연구자가 돈을 많이 쓰는 것 같아 부담스럽다며 패스트푸드점에서 만나자고 하였다.

성원이 친구 진희와의 1회 면접은 진희가 사는 동네 근처에서 이루어졌고, 2회 면접은 진희의 학교 근처에서 이루어졌다.

또한 우진이와 성원이의 담임교사의 심층면접을 하기 위해서 학교로 직접 전화를 걸어 연구자의 연구목적과 배경을 밝히고 면접을 간곡하게 요청하였다. 우진이의 담임교사는 처음에는 별로 해줄 말이 없다고 하여 사양하였으나 연구자의 재차 간청하여 면접 허락을 받았다. 성원이의 담임교사는 연구자의 면접 요청에 대해 도움이 된다면 기꺼이 만나겠노라고 말하며, 면접 날짜와 시간을 정했다.

이상의 과정을 통한 심층면접은 연구자가 미리 준비한 질문을 제보자에게 묻고, 제보자가 그 질문에 답하는 방식으로 진행되었다. 심층면접이 진행되는 초기에는 비교적 비구조화된 질문을 사용하고, 점차 시간이 지나거나 면접이 반복되면서 질문을 구체화하고 세분화시켜 구조화된 질문으로 발전시켜 나아갔다.

4. 참여관찰

문화기술적 연구방법의 또 다른 기법인 참여관찰은 특정집단의 일상세계에 비교적 장기적으로 참여하여 비교적 그들의 삶과 문화를 관찰, 기록, 해석하는 것을 말한다. 참여관찰은 연구하고자 하는 세계에 들어가서 그곳의 환경과 사람과 생활에 친숙해지는 일로부터 시작된다. 이 단계에서는 그들이 하루, 일주일, 한 달, 일년을 어떻게 지내며, 생활공간을 어떻게 구성, 계획, 활용하는지, 그들에게 중요한 것과 사소한 것은 무엇이며, 사람과 사물과 활동들이 어떤 방식으로 서로 관계를 맺고 있는지 등에 대해서 살펴볼 필요가 있다. 관찰한 내용은 현장노트에 기록하여 분석과 해석을 자료로 삼는다. 연구가 진행됨에 따라 연구자는 연구자가 특별히 관심을 가졌거나 갖게 된 문제에 초점을 맞추어 자료를 수집하고, 그 의미를 체계적으로 해석하는 단계로 접어든다(조용환, 2000a).

그러므로 본 연구에서는 심층면접 자료를 주로 활용하지만, 제보자의 생활세계를 이해하고, 심층면접 자료를 보완하기 위하여 참여관찰을 병행하였다. 참여관찰 시에 부분적으로 개별 면접 자료를 보충하는 수준의 면접이 진행되었지만, 주로 관찰에 주력하였다. 주제보자들에 대한 참여관찰은 1-2회 이루어졌다.

참여관찰은 우진이가 일하는 노래방, 우진이와 영은이가 잘 가던 음식점, 성원이가 편하게 생각하는 패스트푸드점, 성원이와 진희가 구경하며 돌아다니고 싶어 했던 대형할인점과 의류할인 매장이 많은 거리, 연구자가 우진이와 영은, 성원이와 진희와 함께 갔던 노래방, 우진이와 성원이의 담임교사와의 면접이 이루어졌던 학교에서 이루어졌다.

우진이의 심층면접 2회 때 만났던 장소는 우진이가 일하는 노래방으로 그 곳에서 2시간 정도 면접을 진행하였다. 노래방에서 우진이가 하는 일, 손님을 대하는 태도, 걸려오는 전화에 대한 응답태도 등을 관찰하였다.

예비면접과 심층면접과정을 통해서 연구자와 친숙해진 진희는 어느 날 연구자의 휴대폰에 '샘 어디세여 저 지금 밖이에요 오늘 학교 안 갔어여 가기 시러서여'라는 문자 메시지를 남겨 놓았다. 전화를 걸어보니 이미 성원이에게도 자신이 학교에 안 갔음을 알렸고, 구경하러 다니고 싶은데 연구자에게 같이 갈 것을 요청했다. 성원, 진희와 함께 대형할인점과 거리에서 컴퓨터 프로그램, 음악CD, 화장품, 옷 등을 구경하며 시간을 함께 보냈었다.

연구자는 우진, 성원, 영은, 진희가 평상시에 자주 가는 곳, 주로 하는 일들을 같이 하면서 그들의 생활세계를 관찰할 수 있었으며, 수집된 심층면접 자료와 비교하여 다시 질문하는 기회를 가졌다. 그리고 참여관찰 과정에서 이전까지 당연한 것으로 받아들이거나 무심코 지나쳤던 것들에 대해서 더 세밀하게 알아보는 계기를 가지게 되었으며, 관찰자의 관점에서 질문하고자 노력하였다.

이렇듯 제보자들이 주로 생활하는 장소, 하는 일을 관찰함으로써 연구자는 각 개인의 개인적 관심과 특징을 발견할 수 있었고, 과거의 생활 장면을 연관시켜 생각해 볼 수 있었다.

교사의 면접은 그들이 근무하는 교무실과 학생부실에서 이루어졌는데, 우진이 담임교사의 면접은 학생부실 안에 따로 마련되어 있는 부속실에서 면접을 하였고, 성원이의 담임교사는 교사의 책상에 나란히 앉아 면접을 진행하였다. 각 교사들이 가지고 있는 물건이나 교사수첩, 책을 관찰하고, 면접 당시에 주변에서 일어나는 일들에 대해 이야기함으로써 짧은 시간에 심도 있는 면접을 이끌어 낼 수 있었다.

연구자는 참여관찰을 통하여 이전에 알지 못했던 사실이나 새로운 느낌들을 현장노트에 정리하여 기록하고 이것을 자료의 수집과 분석에 활용하였다.

5. 자료의 분석

연구자는 예비면접, 심층면접, 참여관찰을 통해서 자료를 수집하였고, 동시에 수집된 자료를 분석하였다. 자료의 분석을 통해 연구주제를 명료화시킴으로써 연구자는 심층면접의 질문을 상세화시킬 수 있었다. 학교중도탈락 청소년과 그 친구들과의 예비면접과 초기 심층면접은 학교중도탈락의 개괄적인 과정, 요인에 대한 자료를 수집하는 데 주력하였다. 이들 자료의 분석을 통해 중퇴청소년들이 자신을 정체화시키는 방식에는 중퇴청소년을 둘러싼 환경과의 역동이 있음을 확인하고, 연구자는 연구문제의 초점을 중퇴청소년과 사회체계와의 역학관계를 파악하는 것에 한정시켰다. 그 이후 심층면접이 진행되면서 중퇴청소년, 중퇴청소년의 친구, 중퇴청소년의 담임교사가 이야기하는 학교중도탈락의 사회적 맥락을 가능한 한 구체적으로 파악하고자 노력하였다.

심층면접과 참여관찰의 자료 분석은 대체로 다음과 같은 두 단계를 거쳐 이루어졌다. 첫 번째 단계는 자료의 영역 분석(domain analysis) 단계이다(Spradley, 1980). 연구자는 면접기록을 몇 차례 정독하면서, 자료의 내용 중에서 학문적, 사회적 의미를 가질 만한 내용을 찾아서 그 내용을 가장 잘 요약해 줄 수 있는 제목을 면담 기록의 해석난에 기입하는 방식으로 연구주제의 영역을 찾았다. 이때 보충해야 할 정보가 어떤 것인지를 메모하여 누락된 정보가 다음 면접에서 보완되도록 하거나, 전화면접을 통하여 보충하였다.

자료 분석의 두 번째 단계는 자료의 분류분석(taxonomic analysis) 단계이다(Spradley, 1980). 수집된 자료를 체계적으로 분석하기 위하여 연구자는 자료의 분류체계(coding system)를 작성하였다. 자료의 분류체계는 분석의 첫 번째 단계를 거쳐서 부여된 면접내용의 소제목을 포괄하는 중간 분류제목을 찾고, 다시 중간 제목을 포괄하는 대분류 제목을 찾는 방식으로 작성되었다. 수집된 자료를 반복하여 정독하고 대강의 분류체계를 작성한 다음, 자료의 수집이 계속 진행되는 동안 자료의 분류체계를 몇 차례 수정, 보완하였다. 연구자는 자료의 분류체계의 분류유목에 따라 고유번호를 부여하고 자료를 분류하는 데 활용하였다. 자료의 분류체계와 주제영역별 목록은 <부록 2>에 제시되어 있다.

6. 해석의 검토

계량적 연구에서는 자료의 수집과 분석이 단선적 과정으로 이루어지는 반면에, 문화기술적 연구에서는 자료의 수집과 해석이 반복적, 순환적으로 이루어진다. 최종적으로 연구자의 이해와 해석이 제대로 이루어졌는지 확인하기 위해서 '삼각검증(triangulation)'의 방식으로 집중적이고도 세밀한 관찰을 행하면서 연구는 마무리 단계로 나아가게 된다. 삼각검증은 관점, 시간, 공간, 상황 등을 달리하여 자료와 그 분석결과를 재검토함으로써 연구의 타당도와 신뢰도를 높이려는 기법이다(조용환, 2000a; Denzin, 1973; Goetz & LeCompte, 1984).

본 연구에서는 연구자의 이해와 해석이 제대로 이루어졌는지 확인하기 위해서 심층면접의 자료 수집을 마친 후 '삼각검증(triangulation)'의 방식을 활용하여, 연구자의 자료의 분석과 해석을 청소년상담전문가 3인과 청소년복지전문가 2인에게 의뢰하여 자료와 분석결과를 재검토하였다. 청소년상담전문가는 상담을 전공하고 5년 이상의 청소년상담경력을 가졌으며, 청소년복지전문가는 아동청소년복지 전공의 교수와 연구원이었다.

문화기술적 연구는 자료의 수집과 해석이 순환적, 반복적으로 진행됨으로, 제보자의 관점이 제대로 반영되었는지 확인하기 위하여 연구의 진행과정에서 추후면접이나 전화면접 시에 재차 질문하여 누락된 부분을 보완하고, 수정하였다. 즉 제보자에 대한 이해와 해석을 관점, 시간, 공간 등을 달리하여 자료와 그 분석결과를 재검토함으로써 연구의 타당도와 신뢰도를 검증하였다.

III. '짤린 아이'와 '때려친 아이'의 생활세계

　본 연구의 예비면접과 심층면접의 과정에서 학교중도탈락 청소년들이 스스로를 정체화(identification)하는 방식, 즉 자신들을 스스로 어떻게 생각하고 표현하였는지를 열거해보면, "짤린 애들", "때려친 애들"로 나타났다.

　즉 예비면접과 심층면접 과정을 통해서 학교중도탈락 청소년들의 학교중도탈락 사유에 따라 절도, 폭력, 가출 등에 비행에 연관되거나 장기결석으로 인하여 타의에 의해 학교를 그만두는 유형과 가정형편의 어려움, 학업에 홍미가 없거나 의미를 찾지 못해서 자의에 의해 학교를 그만두는 유형으로 분류되었다. 특히 학교중도탈락 청소년들은 비행과의 연관성의 유무를 떠나 자퇴처리의 직접적인 계기에 대해서 본인의 의사반영 여부에 따라 학교를 '짤림', "때려침"으로 표현하였다. 실제로 예비면접자였던 학교중도탈락 청소년들 중 보호관찰 중이거나 소년원을 다녀온 청소년들은 자신들의 학교중도탈락의 계기를 설명하는 데 있어서 '학교를 다니고 싶었지만 폭력, 절도 등의 사건 때문에 짤릴 수밖에 없었다'고 말하기도 하였다. 반면에 그들이 학교를 그만 둔 것은 '공부에 홍미도 없고, 학교 다니는 것도 재미없었기 때문'이며, 범죄사건에 연루된 것보다 우선되는 이유로 들기도 하였다.

　더욱이 예비면접 과정을 통해 본 연구의 주제보자로 선정된 2명의 학교중도탈락 청소년들은 똑같이 자퇴처리가 된 것이지만, 한 명은 '장기무단결석으로 자퇴 처리했지만, 학교를 계속 다니고 싶었으나 학교에서 나오지 말라고 짜른 것이고, 이는 퇴학이나 다름없다'고 표현하였다. 또 다른 한 명은 '자기 스스로 학교를 그만 둔 것이고, 강요나 그런 것도 없었으며, 자기가 판단해서 그만 둔 것이다'라고 표현하였다. 이에 본 연구는 전자의 경우를 '짤린 아이', 후자의 경우를 '때려친 아이'로 그 유형을 구분하였다. 즉 '짤린 아이'는 학교중도탈락의 결정에 있어서 본인의 의사가 반영되지 않은 학교중도탈락 청소년이며, '때려친 아이'는 그에 대치되는 개념이다.

그러므로 학교중도탈락 청소년들이 자신들을 어떻게 정체화하고 있는가를 보여주는 이 명칭들은 학교중도탈락 청소년들이 놓인 각각의 맥락을 직·간접적으로 보여주는 용어들로 생각하여, 이 명칭들을 그대로 사용하였다.

따라서 본 장에서는 학교중도탈락 청소년의 정체화 방식에 따라 '짤린 아이'와 '때려친 아이'로 학교중도탈락 청소년의 유형을 구분하고, 학교중도탈락 청소년, 친구, 교사와의 면접을 통해 학교중도탈락 청소년의 생활세계를 심층적으로 탐색하고자 한다.

1. '짤린 아이'의 생활세계

우진이는 장기무단결석으로 인해 2000년도 6월에 자퇴 처리되었다. 인문계 고등학교를 다니던 우진은 1학년 때는 20회 이상의 무단결석을 하였고, 2학년에 올라와서의 출석일수는 기억이 나지 않는다고 하였다. 그러던 중 담임선생님과 어머니의 결정으로 2학년이던 작년 6월에 학교를 자퇴하게 되었다.

1) ‘짤린 아이’가 되기까지

본 절에서는 학교를 ‘짤린 아이’가 되기까지 우진이의 생활세계에서의 위기적 사건, 기질, 강화, 촉진, 종결의 구조적 요인을 살펴보고, 이와 같은 구조적 요인이 복합적으로 작용하는 과정을 거쳐 학교중도탈락에 이르는 과정을 탐색하였다.

(1) 위기적 사건: 엄마 아빠의 이혼

우진이의 부모님은 우진이가 7세 때부터 별거를 하셨고, 중1 때 두 분이 이혼을 한 후, 우진이와 두 살 아래의 남동생은 아버지와 새엄마와 살았다.

우진이의 무단결석은 중학교 1학년 때부터 시작되었다. 아빠도 엄마도 우진이가 학교를 가지 않는 것에 대해선 아무 말씀도 없으셨다. 자기가 하는 일에 뭐라 하는 것을 제일 싫어하는 우진이에게 학교를 안 간다고 야단을 치는 것은 있을 수 없는 일이었다. 우진이는 아빠, 새엄마와 안 싸운 날이 없었다. 그러던 어느 날 우진이는 남동생을 데리고 엄마에게로 찾아갔다.

우진: 새엄마가 뭐라 해서 엎어놓고, 나왔어요. 그때가 겨울이었는데, 내 동생이랑 집에서 입던 옷차림 그대로 엄마 찾아왔어요.

엄마도 다른 남자와 재혼해서 살고 계셨다. 그러나 우진이가 엄마, 새아버지와 산 것은 얼마 되지 못했다. 우진이는 새아버지와도 많이 싸웠다. 우진이는 새아버지를 쫓아냈다.

우진: 엄마도 재혼했었죠. 엄마한테 왔을 때 새아버지가 있었어
요. 근데 내가 나가라고 쫓아냈어요. 맨날 싸우길래 ……
왜 싸우는지는 모르죠. (새아버지와) 저랑도 엄청 싸웠어
요(1-55).

그래서 우진이는 중학교 2학년 겨울부터 엄마와 남동생과 함
께 살고 있었다. 어머니는 이삿짐 대행업체에서 이삿짐 싸는 일
을 하고 계신다. 어머니는 아침 일찍 일을 나갔고, 집에 들어오
는 시간은 일정치 않다. 어떤 때는 오후 6시쯤 들어오셔서 저녁
상만 차려놓고 나가시고, 아예 새벽에 들어오실 때도 있었다. 친
구들과 어울려 술 한 잔 한다는 이유였다. 어머니와 함께 살면
서도 우진이는 늦잠을 자거나, 그냥 학교에 안가기도 하였다. 어
쩌다 늦게 출근하시는 어머니가 '왜 학교 안가냐?'고 묻긴 했지
만, '니가 알아서 해라'고 말씀하실 뿐이었다.
　이상에서 볼 때, 우진이의 생애에서 위기적 사건으로 부모님
의 이혼은 우진이의 무단결석이라는 학교부적응을 야기하는 요
인으로 작용하였다. 즉 부모님의 별거, 이혼의 사건은 우진이에
대한 부모님의 지도, 감독을 소홀하게 하였으며, 이에 우진이는
학교를 결석하는 일이 잦아지게 되었다.

(2) 기질: 자유분방한 아이

우진이의 담임교사는 우진이의 학교중도탈락 관련요인으로
가정의 경제적 형편, 결손가정, 학교생활에 흥미 없어 함, 인내
심의 부족, 부적응 등을 지적하였지만, 학교를 그만 둔 가장 큰
이유를 본인의 성향이라고 보았다. 학교 다닐 때 머리도 기르고,
염색도 하고 교칙에 얽매이기 싫어하는 우진이는 "자유로운 애"
였고, 학교생활은 구속이 많다보니 학교생활을 재미없어 하게

되었다고 한다. 가정형편이 더 어려운 애들도 학교를 다니고, 그렇다고 해서 학교를 그만두지는 않는데, 우진이의 경우는 학교라는 하나의 조직 사회에 적응을 하지 못하여 부적응의 형태로 학교중도탈락을 하게 된 것이었다.

우진이의 담임: 학교 나오기 싫고, 공부하기도 싫고 …… 특별한 이유가 없어요. 개인적으로 의지가 부족하죠. 늦게 일어나면 안 오고, 그런 것들이 누적되면 성적도 떨어지고 …… 재미가 없는 거죠. (수업시간에) 뭔 얘기하는지도 모르고, 잠만 자고 …… 밖에 나가면 재밌는 게 많잖아요. 학교는 구속도 많구요. (학교) 밖이 자유롭고 ……(3-25-3).
　　　결과적으로 적응을 못하는 거예요. 학교도 하나의 조직 사회이거든요. 그런데 아이들이 인내심이 부족해요. 하기 싫은 것은 안하려고 하고 …… 거짓말만 하고요. 집에서는 학교 갔다고 하고 …… 애들이 떠들어도, 아파도, 숙제를 안 해와도, 지각을 해도 핑계만 대죠. 버스 놓쳐서 지각했다는 그런 핑계만 대고 …… (버스 놓쳐서 지각하는 게) 당연한 이유인 줄 알아요. 자기가 잘못한 게 아니라 다른 상황에 이유를 대요. 조금만 아파도 조퇴하고 …… 우리 때랑은 다르죠. 반복적으로 지도해도 안 되고, 앞에서만 '안 하겠다', '잘 하겠다' 뭐 그러면서 거짓말을 많이 하죠(3-26).

　또한 친구 영은이는 우진이의 성격을 '세월아 세월아 가라, 나는 내 하고 싶은 대로 한다'라고 표현했다. 영은이의 표현대로 우진이는 학교에 가고 싶으면 가고, 놀고 싶으면 놀면서 장기무단결석으로 인한 자퇴처리 상황에 놓이게 된 것이다.

연구자: 우진이가 학교를 그만 둘 당시의 상황에 대해서 얘기해
　　　　줄래?

영　은: 여자랑 놀다가 학교에 안간 거예요. 한참 놀다가 짤린 거
　　　　요(2-21-1).

연구자: 그 당시에 우진이에게 여자친구가 있었니?

영　은: 예. 정신없이 놀았어요. 그때 집 전화도 끊기고 ……(2-21-2)

연구자: 집 전화가 왜 끊겼는데?

영　은: 여자친구랑 하도 전화를 해대서 전화비가 90만 원이 넘
　　　　게 나왔대요. 그래서 엄마가 전화비를 안냈대요(2-21-3).

연구자: 우진이가 학교를 결석했던 이유는 뭐니?

영　은: 그냥 노느라고요 …… 그 당시에 방탕한 생활을 좀 했죠.
　　　　저녁에는 일하고(주유소), 학교 가서 자고 …… 오토바
　　　　이족도 가끔 뛰고 ……(2-23-1)

연구자: 그래서 계속 학교를 안 갔던 거니?

영　은: 여자 친구 만나는 걸 자제했으면 …… 그렇게까지 되진 않
　　　　았을 텐데 …… 우진이는요, 무조건 좋으면 하는 거예요.
　　　　하고 싶은 건 해야 직성이 풀리거든요. 그냥 그러고 논거
　　　　죠 …… 친구들도 그러고 노니까 ……(2-23-2)

　이상에서 볼 때, 우진이의 자유분방한 기질적 특성은 보수성
이 강한 학교제도와의 마찰을 일으켜 갈등을 유발하게 되었다.
그러므로 우진이는 학교에 다니는 것보다는 자신이 하고 싶은
일을 하는 데 시간과 노력을 투자하고, 교칙에 대한 반항적 태
도를 나타냈다.

(3) 강화: 방임적인 양육태도

　자퇴 직전의 우진이의 학교성적은 평균 50점 정도였지만, 중

학교 때의 성적은 반에서 10등 안에 들었다고 한다. 우진이가 초등학교 때는 반장을 여러 번 했고, 리더쉽이 있어 주변에 따르는 친구들이 많았다.

그러나 부모님의 별거와 이혼으로 인한 우진이의 심리적 갈등과 방황은 무단결석으로 이어졌고, 이에 대해 우진이의 부모님들은 알아서 하라고 내버려두고, 그러다 보니 무단결석을 하는 날은 점점 많아져 갔다.

우진: 엄마는 암말 안했어요. 집에 안 들어가도 암말 안 해요 (1-3).
　　　저 알아서 하라고, 하고 싶은 일하고 …… 나쁘게만 안 되면 되요. 울 엄마 터치 잘 안 해요. 혼 안내죠. 내가 이기거든요. 말발이 세요 ……(1-4)

친구 영은이가 보는 우진이는 고집이 세고 자신이 해야겠다고 생각한 일은 하고 마는 성격이며, 자신의 일은 알아서 처리하는 성격이라고 했다. 영은이가 보는 우진이의 학교중도탈락은 우진이의 부모가 전혀 관리하지 않았기 때문이라고 했다.

영은: 같이 놀았던 친구들은 학교 안 짤렸어요. 걔네는 부모님들이 관리하니까 …… 학교 가게 만든 거죠 …… 안가면 혼내고 …… 그러니까 걔 친구들은 (지금은) 아프다고 땡땡이치는 정도죠 …… 고3 되니까 …… 나이도 들었는데, 사고결(사고결석), 가출을 왜 해요? 그리고 우진이는 친구들이 가출하면 지가 집어넣어요. 그런 것도 모르고, 걔 친구들 부모님들은 다 우진이 탓을 하죠. 우진이가 찾아서 귀가시키는 것도 모르고 …… '자기 자식만 착하다' 해요(2-24). 우진이 엄마는 터치 안 해요. 늦게 들어와도 별말 안하고,

전화도안하고 …… 한번은 우진이가 두 달 만에 집에 가
니까 집이 이사했더래요. 그사이 엄마가 전화도 안 했던
거죠. 그만큼 신경을 안 써요(2-26).
제가 보기엔 걔네 부모님은 우진이한테 관심 안 갖는 거
같아요 …… 믿으니까 신경 안 써요(2-30).

이상에서 볼 때, 부모의 방임적 양육태도에 의해 우진이의 무
단결석의 빈도와 기간은 더욱 증가되었다. 즉 부모님의 무관심
과 방관으로 인하여 부모의 지도, 관여에서 방치된 우진이는 무
단결석이 잦아지게 되었고, 결국에는 학교적응을 악화시켜 학교
중도탈락에 이르는 결과를 초래하게 되었다.

(4) 촉진: 가출의 장기화

우진이는 학교를 자퇴하기 직전에 친구 집과 집을 왔다 갔다
하며 살았다. 초등학교 때부터 친했던 친구 규환이는 부모님이
이혼하고, 아버지와 함께 살았는데, 규환이의 아버지가 교도소에
있어서 거의 규환이네 집에서 먹고 자고 했다. 그러다가 초등학
교 동창 연희의 사정을 듣게 되었다. 연희의 아버지가 술만 먹
으면 집안 살림을 부수고 때린다는 얘기를 듣고 규환이와 함께
그 집에 들어가서 살았던 것이다. 연희의 부모님은 아버지의 술
버릇 때문에 이혼하고 어머니는 시골 외갓집에서 살고 있었다.
그래서 우진이는 자신의 집과 규환이네, 연희네 집을 왔다 갔
다 하며 살게 된 것이었다.
우진이의 어머니는 우진이가 어디서 지내는지 알지 못했다.
친구네서 자나보다 하고 생각할 정도였다. 평소 우진이가 학교
를 결석해도 "네가 알아서 해라"고 말씀하셨던 어머니는 우진이
가 집에서 자지 않고 왔다 갔다 하며 지내는 것에 대해서 별

상관을 안 하셨다.

규환이와 생활할 때는 둘이서 늦게 자고 늦게 일어나다 보니 학교를 안가는 날이 많아졌고, 연희네서 생활할 때는 연희의 아버지가 언제 들어와서 술 먹고 행패를 부릴지 몰라 함께 있다 보니 학교를 갈 수가 없었다. 그때가 2학년 때였다. 2학년 올라와서 6월에 자퇴할 때까지 학교에 출석한 날은 한 달 정도였다.

연구자: 학교를 그만 둘 당시에는 누구랑 살았니?

우 진: 친구랑 살았어요. 엄마 집이랑 왔다 갔다 하면서요. 초등학교 동창 중에 연희라고 있는데요, 걔 아버지가 술주정뱅이였거든요. 엄마랑은 이혼해서 엄마는 시골에 살고요. 걔 아빠가 술만 먹으면 애들을 때리고 살림 부수고 해서 친한 친구랑 걔네 집에서 살았어요. 우리가 있음 걔네 아빠가 꼼짝도 못했어요. 집에 안 들어 왔죠 (1-1).

연구자: 우진이 어머니는 그 사실을 알고 계셨니?

우 진: 당연히 모르죠. 원래 여기저기 (제가) 왔다 갔다 하니까 ……(1-2)

이상에서 볼 때, 우진이는 고등학교에 입학한 후 2학년에 올라와서 자퇴할 때까지 집을 나와 친구들의 집에서 거취한 가출의 상태가 장기적, 지속적으로 표출되었다. 이러한 문제행동은 장기무단결석을 촉진시켰으며, 부모와 교사가 우진이의 행방을 모르는 상태에서 이를 해결하거나 중재하려는 과정이 생략된 채 우진이의 자퇴가 결정되었으며, 결국 학교중도탈락에 이르게 되었다.

(5) 종결: 학교에서 짤림

우진이의 학교중도탈락은 장기결석으로 인해 담임선생님과 어머니의 결정으로 학교를 자퇴하게 되었다.

우진이는 중학교 1학년 때부터 학교를 무단결석하기 시작했으며, 그 이유를 "기냥(그냥) …… 혼자 학교 안 갔어요"라고 했다. 우진이는 고등학교에 진학해서도 그냥 학교에 안가는 날이 많아졌다. 학교에 가지 않는 이유에 대해서 "걍(그냥)요. 내일은 학교가야겠다 생각하고 다음날 되면, '귀찮아 내일 가자 ……' 뭐 계속 그런 거죠. 그리고 학교 반성문 쓰다가 졸리면 집에 가서 자요"라고 답했다.

우진이는 무단결석이 잦아지면서 학교에서 담임선생님께 야단을 맞는 날이 많아지고, 교내봉사의 처벌을 받기도 하였다. 청소를 하거나, 학생부 수업을 받았는데, 담임선생님이 우진이의 책상을 밖으로 내놓아 학생부 수업을 받으며, 글짓기, 반성문 쓰기 등을 하였다.

우진이는 여러 번 담임선생님께 야단을 맞기도 하였고, 학교출석을 해야겠다고 다짐을 굳히기도 하였으나, 결국은 자퇴를 하게 된 것이었다.

우진이는 자신의 무단결석으로 인하여 자퇴를 하게 된 것은 인정하나, 그럼에도 계속 학교는 다니고 싶었다고 이야기하며, 짤리기 싫었던 우진이는 자신을 자퇴시킨 담임선생님과 학교를 원망했다. 그러나 우진이는 학교출석을 위한 노력도 자신의 의지부족으로 지속하지는 못했다.

연구자: 학교를 그만 둔 가장 중요한 이유는 무엇이니?
우 진: 이유 없어요. 나오지 말래서 ……(1-13)
연구자: 학교를 그만 둘 당시의 과정을 자세히 얘기해줄래? 구

체적인 계기, 어떤 형식을 취했는지, 누가 결정했는지
……

우　진: 장기결석해서 그렇죠. 거의 학골 안 갔으니까 …… 글구
　　　자퇴 처리했지만 학교에서 짤랐으니까 퇴학이지 뭐. 퇴
　　　학이에요. 나오지 말라고 짤랐어요. 선생이 ……(1-14)
연구자: 학교를 그만 둘 당시의 심정은 어땠니? 기분이 어땠지?
우　진: 기분 드러웠죠. 짤린 게 아주 (기분이) 드러웠어요. 짤리
　　　기 싫었는데 …… '뭐, 이런 데가 다 있나?' 욕 디지게
　　　하고 나왔어요. 차마 심한 거라 선생님한텐 말할 수 없
　　　지만 ……(1-21)

　이상에서 볼 때, 우진이의 학교중도탈락은 부모님의 이혼이라
는 위기적 사건을 겪으면서 심리적 갈등과 방황이 학교를 무단
결석하는 형태로 표면화되었다. 그리고 고집이 세고 자유분방한
성격의 우진이는 학교의 교칙에 얽매이기를 싫어했으며, 부모의
방임적인 양육태도에 의해서 우진이의 무단결석은 방치되어 학
교중도탈락의 위험을 높이게 되었다. 이러한 상황에서 친구들을
만나 서로의 어려움을 나누고 위로를 찾고자 하는 행위로써 집
을 나와 친구네 집에서 생활하는 장기적인 가출이 발생하였으
며, 우진이의 무단결석과 가출은 더욱 학교중도탈락의 위험을
높였다. 결국에는 부모님과 교사의 결정에 의해 자퇴처리를 하
게 되는 상황에 이르러 우진이는 학교에서 짤리게 되었다.

2) '짤린 아이'로 살아가기

　본 절에서는 학교를 그만 둔 후 '짤린 아이'로 살아가는 우진
이의 생활양식을 살펴보고, 학교중도탈락 이후 '짤린 아이'의 자
신의 진로에 대한 태도를 탐색하고자 한다.

62

(1) 생활양식: 공부 대신 일

연구자가 우진이를 처음 만났을 때는 동네 PC방에서 밤 11시부터 새벽 4까지 일을 하고 있었고, 지금은 오후 2시부터 새벽 5시까지 노래방에서 일을 하고 있다. 학교를 자퇴한 후 여기저기 돌아다니며 시간을 보내다가 올 봄부터 아르바이트를 하기 시작했다. 봄에는 어머니와 함께 다니면서 이삿짐센터에서 일을 했다. 어머니와 일을 할 때는 어머니의 월급에 우진이가 일한 몫이 포함되었다. 우진이는 이삿짐센터의 일이 고되고 힘들어 다른 아르바이트를 찾던 중 동네의 아는 형, 누나가 운영하는 PC방으로 일자리를 옮겼다. 새벽의 PC방은 손님이 많아 잠시도 쉴 수가 없었다. 또 동네 PC방 일은 새벽에 일하는 것이라 잠이 많이 부족하고, 사장이 아는 사람이기 때문에 인정상 새벽 4시에 일하는 시간이 끝났다고 해서 집으로 갈 수도 없었다. 뒷마무리를 도와주고 집으로 돌아가면 보통 아침 8시나 되었다. 우진이는 PC방에서 50만 원을 받았는데 일하는 것에 비해 다른 PC방보다 월급이 적어 PC방에서 일을 하면서 노래방 일자리를 찾았다. 지금 일하고 있는 노래방은 월급을 100만 원 준다고 했다. 그리고 오후에는 우진이가 혼자 가게 문을 열고, 청소하고, 손님들을 맞이하고 나면 오후 6시쯤 사장이 오기 때문에 마음 편하게 일을 할 수 있다고 했다.

우진이는 아르바이트를 해서 받은 월급으로 어머니께도 드리고, 동생 용돈도 주고, 핸드폰 요금내고, 옷 사 입고, 용돈도 써야 한다.

학교를 그만 둔 후, 우진이는 다른 친구들처럼 학교에 다니지 않기 때문에 시간이 한가롭다. 일어나고 싶을 때 일어나고, 놀고 싶으면 놀 수 있다. 그러나 그 생활이 꼭 좋은 것만은 아니다. 자기가 하고 싶은 것은 할 수 있지만, 생활이 불규칙해지기 때문에 건강에도 안 좋고, 남들 보기에도 좋지 않다. 그래서 아르바이트를 하려고 애를 쓰고 있는 것이다. 친구들은 학교에 가서 공부하고 대신 우진이는 일을 하고 있는 것이다.

우진: (학교를 그만 둔 후의 변화) 생활이 불규칙해지고, 몸에도
　　　안 좋고, 남들이 보는 것도 안 좋고, 한가하잖아요. 그러
　　　니까 아르바이트 할려고 발악하고 ……(1-34)

이상에서 볼 때, ‘짤린 아이’ 우진이는 학교중도탈락 이후 이삿짐센터, PC방, 노래방을 거치며 아르바이트를 하면서 생활을 하고 있다. 우진이는 아직 학령기에 있지만, 현재 학교 중심의 교육체제에서는 학교 밖의 교육장면에의 합류가 수월하지 않다. 결국 ‘짤린 아이’ 우진이는 학교를 가지 않는 시간에 공부 대신 일을 선택하였다. 또한 우진이는 공부가 아닌 일을 하고 있기 때문에 용돈, 생활비 등의 경제적 비용을 본인이 부담해야 하는 책임을 가지고 있다.

(2) 넘을 수 없는 벽: 졸업장

친구 영은이는 우진이가 ‘학교에 되게 가고 싶어 했어요’라고 했다. 학교에 다니고 싶어 했던 우진이는 올해 3월 복학을 하기로 결정하고, 학교에 찾아갔다. 그러나 학교에서는 우진이의 복학을 허락하지 않았다. 우진이의 담임선생님도 교무과 담당선생님께 말씀드렸지만, 여러 차례의 회의과정에서 결국 우진이의 복학은 이루어지지 않았다.
　우진이가 복학을 결정한 이유는 학교를 다니지 않는 것은 자랑이 아니며, 학교를 졸업하는 것은 기본이라는 생각을 가지고 있기 때문이다. 우진이는 학교를 다니고 싶어서 복학을 결정하

64

게 되었으며, 학교 졸업 후의 삶에 대한 막연한 기대를 가지고
있다. 그러나 복학이 뜻대로 이루어지지 않아 현재는 체념하고
있으나, 학교를 다니지 않고 살아가는 것이 힘들며, 다른 사람들
의 시선을 무시할 수 없다.

우 진: 올해 3월인가? 암튼 새 학기 시작할 때 복학하려고 학
       교에 갔거든요. 근데 오지 말래요. 머리 자르고 오라고
       해서 머리 자르고 갔는데, 교장이 반대해서 (복학) 못했
       죠. 생활태도가 불량하대나 ……(1-23)
연구자: 복학결정은 왜 하게 됐지?
우 진: 그냥요 …… 학교 안 다니는 게 자랑도 아닌데 …… 다
       니고 졸업해야죠. 학교를 졸업 안하면 앞이 안보이니까
       ……(1-25-1)
연구자: 복학하려고 했을 때 상황을 자세하게 얘기해 줄래?
우 진: 다니고 싶으니까 …… 특별한 일이 있었던 건 아니고,
       기냥(그냥) 다니고 싶었어요. 학교는 졸업해야겠다 싶었
       죠. 기본이라고 생각해요(1-25-2).
연구자: 고등학교 졸업하는 것이 기본이니?
우 진: 예의상 고등학교는 졸업 해야죠 …… 결혼할 때 중요하
       잖아요. 웬 쪽이예요(1-25-3).

    또한 우진이는 친구들이 자신과 같이 학교를 그만두는 것을
원치 않으며, 친구들이 가출을 하거나 무단결석을 하게 되면 그
친구들을 만나 집으로 귀가시키고, 학교에 출석할 것을 권유한
다. 우진이 자신은 원치 않던 자퇴에 대해서 후회를 하고 있으
며, 친구들이 자신처럼 되지를 않기를 원한다.

연구자: 학교를 그만 둔 것에 대해서 후회하니? 어떤 이유에서
       후회하는지 ……

우 진: 후회하죠. 걍(그냥) 학교 다니고 싶어서 …… 후회는 아
       무리 일찍 해도 소용없어요(1-26).

연구자: 학교중도탈락에 대해서 어떻게 생각하니? 전반적으로
       어떻게 평가하는지 ……

우 진: 나쁘죠. 별로예요. 살아가는 데 힘드니까 …… 곱게 안
       봐주니까. 사람들이 …… 짤리는 것은 나쁘죠(1-50).

연구자: 네가 학교를 안가고, 그만 두어서 친구들이 동요되거나,
       영향을 미친 것은 어떤 것이 있을까?

우 진: 없죠. 제가 안 나가는데, 지들이 따라 안나오는 거 내가 싫
       어 하니까 애들이 안 해요. 애들이 학교 때려칠려고 하면
       그러지 말라고 해요. 망가지면 저 혼자 망가져요(1-20).

 이상에서 볼 때, '짤린 아이' 우진이가 학교중도탈락 이후의 생
활에서 학교를 자퇴한 것을 후회하며, 자신의 진로에 대해 불확
실한 태도를 취하고 있다. 또한 '짤린 아이' 우진이는 한차례 시도
한 복학기대가 좌절되었지만, "학교는 언제든지 갈 수 있잖아요"
라며 복학에 대한 욕구를 가지고 있다. 우진이에게 있어서 학교
에서 배우는 것들은 '쓸 데 없는 것'들이지만, 학교를 안다니고 사
회에서 성공하기는 힘들며, 학력위주의 사회에서 살아나가기 위
해서는 고등학교 졸업은 기본인 것이다. 즉 '기본인 고등학교 졸
업'은 학교경험을 통하여 얻은 지식이나 기술의 습득을 의미하는
것이 아니라 형식적인 교육경험의 증명인 것이다. 그러므로 '짤린
아이' 우진이가 학교로 다시 돌아가고 싶어 하는 복학욕구는 고
등학교 중도탈락자로서 살아가는 것보다 고등학교 졸업이라는
학력을 획득함으로써 향후 결혼이나 사회생활에서 보다 나은 생
활을 할 수 있는 증표를 얻을 수 있다는 태도에서 기인한다.

2. '때려친 아이'의 생활세계

성원이는 자기가 좋아하는 만화의 활동에 몰두하기 위해 자신에게 의미가 없다고 생각되는 학교공부를 중단하고 자발적으로 학교를 떠난 경우이다. 2001년 3월에 실업계 고등학교 '애니메이션'과를 다니던 성원이는 2001년 5월에 학교를 자퇴하였다.

1) '때려친 아이'가 되기까지

본 절에서는 학교를 '때려친 아이'가 되기까지 성원이의 생활세계에서의 결정적 계기, 기질, 강화, 촉진, 종결의 구조적 요인을 살펴보고, 이와 같은 구조적 요인이 복합적으로 작용하는 과정을 거쳐 학교중도탈락에 이르는 과정을 분석하였다.

(1) 결정적 계기: 'Full House'를 읽다

성원이는 중학교 2학년 때 만화잡지에 연재되는 'Full House'를 읽게 되었다. 평소 만화를 좋아하던 성원이는 그 만화에 푹 빠지게 되었으며 다음달 만화잡지가 나오기만을 기다렸다. 그 후 'Full House'는 단행본으로 몇 달에 한 권씩 출간되었고, 용돈을 모아 사던 성원이에게 어머니는 전집을 다 사주셨다. 단순히 만화를 좋아하던 성원이에게 있어 원수연의 'Full House'는 스토리 전개와 그림이 예사롭지가 않았으며, 다른 만화와는 차별된 것이었다. 'Full House'를 읽으며 성원이는 만화를 좋아하던 아이에서 'Full House'와 같은 만화를 그리고 싶은 아이로 변화하기 시작했다.

성원이는 이때부터 학교를 그만둘 생각을 하기 시작했다. 학업성적이 좋지 않던 성원이는 ‘이렇게 학교에서 공부도 안하고 못하고 …… 잘하는 애들은 대우받고 …… 하고 싶은 것 열심히 해서 인정받자’는 생각을 가지게 되었다. 그리고 그것이 만화였던 것이다.

이상에서 볼 때, 학교를 ‘때려친 아이’ 성원이는 만화 ‘Full House’ 접하면서 만화가가 되고 싶은 꿈을 키워왔고, 그림에 몰두하여 실력을 쌓고 싶어 했다. 그러나 성원이의 기대와 꿈은 교과목 위주의 주입식 학교수업에서는 불가능했고, 그렇기 때문에 만화가의 꿈과 학교수업은 관련성이 없고 무의미한 것으로 여겼다. 즉 성원이와 ‘Full House’와의 접촉은 학교를 그만두고 싶어 하는 생각을 갖게 되는 결정적 계기가 되었다. 이를 계기로 ‘때려친 아이’ 성원이는 학업성적 부진으로 인한 학교생활의 좌절감을 만화라는 돌파구를 통하여 만화가가 되고 싶은 욕구를 표현하고, 의미 없는 학교생활을 그만둠으로써 자신의 욕구를 실현하고자 하였다. 그러므로 만화는 성원이에게 있어서 성적위주의 학교풍토에서 억압된 자신의 욕구를 표현하는 방식이며 해결하는 방식이었다.

(2) 기질: 소신 있는 아이

성원이는 현재의 획일적인 학교 교육과정과 공부 잘하는 아이들만 대우받는 성적위주의 학교교육이라는 자신의 과거 경험 그리고 만화가로서의 자신의 꿈을 이루고 살아갈 미래에 대한 가능성을 검토해 볼 때에, 자신의 위치, 능력, 가능성, 가치 등은 학교의 구속을 벗어나서 실현할 수 있는 것이었다. 무엇보다도 틀에 박힌 학교공부, 똑같은 수업시간, 반복되는 것이 너무 싫었다. 성원이는 이런 학교가 자유롭지 못하다고 생각했다. 성원이는 만화가가 되겠다는 뜻이 확고했고, 학교에서 배우는 것들은 의미가 없었다.

게다가 학교는 자유롭지 못했다. 머리를 염색할 수도 없었고, 입고 싶은 옷을 입고 다닐 수도 없었다. 자유를 구속하는 학교에 대한 항변의 논리도 가지고 있었다.

성원: 사람들마다 자기가 하고 싶은 게 있고, 따로 배우고 싶거나 …… 취미, 특기 같은 게 있잖아요. 하지만 그런 것들은 학교에선 인정해주지 않는 것 같아요. 뭐, 요즘 특기 적성 교육이다 어쩐다 해서 학생들의 특기활동을 살려 준다 어쩐다 하지만, 그건 방과 후 아이들의 자유시간을 조금 더 단축시키는 일밖에 안 되는 것 같아요. 게다가 시험이라는 스트레스 …… 정말 그 스트레스는 엄청나죠 …… 저 같은 경우도 비록 공부는 하지 않았지만, 시험기간만 되면, 놀고 있는 자신에 대해서 죄책감도 들고 …… 그렇다고 공부는 싫고 …… 저 말고도 모든 아이들이 그럴 꺼예요. 그 순간만 좋은 점수를 받기 위해 …… 죽어라 외우고 풀고 …… 하지만 시간이 지나서 그 문제를 기억하고 제대로 풀 수 있는 학생이 몇이나 될는지 …… 또 학교에선 학생들의 개성이란 …… 찾아볼 수 없죠 …… 학생은 공부나 하면 되지 무슨 멋부리기냐 …… 학교는 공부하는 장소지 애들 뽐내고 놀러 오는 것이 아니다 …… 하지만 그 정도의 자유는 허락되어야 한다고 생각해요. 그 구속이 답답해서 뭔가 변화를 가져보는 아이들은 그 뒤로 '문제아'라는 낙인이 찍히기 마련이죠. 그러면 선생님들은 노발대발하시고 ……(4-76)

성원이의 담임: 학교를 가방만 들고 떨렁떨렁 다녀도 졸업을 한
　　놈과 안한 놈은 차이가 난다고 생각해요. (다른 아이들은)
　　70일 가까이 결석하고 별짓 다해도 대학 가는데 …… 어
　　떻게 지내는가는 본인 하기 나름이지만, 본인이 당시에
　　확고하고, 자신에 차 있었어요. (성원이가) '~도 하고 싶
　　고요' 하고 이런 말하는 걸 보면 그게 얼마나 다행이에요
　　(6-28). 저는 자기 진로를 어렴풋이나마 정해놓고 시작하
　　는 게 중요하다고 생각해요. 그런 면에서 성원이를 높이
　　사죠. 성원이가 성적이 좋거나 외모가 예쁘거나 한 것은
　　아니지만, 자신의 소신을 얘기할 때는 믿음이 갔어요. 물
　　론 남들이 중졸이라고 하는 게 살면서 많이 마이너스가
　　되겠지 ……(6-30)

　이상에서 볼 때, '때려친 아이' 성원이는 주관이 확고하고, 소
신이 뚜렷한 성격의 소유자이다. 성원이의 이러한 기질적 특성
은 학교라는 곳은 공부를 통해서 얻는 학업성취 즉 성적, 성적
에 의한 교사의 평가, 이에 기초한 학생들의 미래에 대한 기대
감만을 제공하는 곳이지, 자신의 꿈을 현재의 학교 현실에서 펼
칠 수 있는 공간이 되지 못하는 공간이라는 신념을 더욱 확고
하게 하였다. 즉 성원이의 주관이 확실하고, 의지가 굳은 소신이
뚜렷한 성격특성이 성적위주의 학교에 대한 부정적 태도를 더
욱 확고하게 하였다.

(3) 강화: 허용적인 양육태도

　성원이의 자퇴는 전적으로 성원이 자신의 의사로 결정되었다.
성원이의 어머니는 성원이의 자퇴결정을 반대할 때에 예상되는
성원이의 반항이 두려웠고, 성원이의 선택을 따라 줌으로써 성

원이와 부모와의 갈등과 대립을 줄였다. 성원이가 생각하기에도 부모님은 자신에게 관심이 많지만, 아버지는 사업에 전념하시느라 가정에서는 권위가 없고, 어머니는 자신의 생각을 이해하지는 못해도 따라 줄려고 하므로 성원이가 자퇴를 하는 데에는 별로 문제가 되지 않았다.

성 원: 엄마는 첨에는 반대하셨는데, 부모님이 그렇게 뭐라고 하지는 않았어요. '니가 정 생각이 굳혀지고, 바뀔 생각이 없으면 그렇게 해라'라고 하셨어요(4-11-1). 가끔씩 엄마한테 '학교가 싫다. 그만두고 싶다'라고 했거든요. 근데 그땐 진지하게 안 들으신 것 같아요. 그냥 학교가기 싫어서 그런가 보다 하셨어요(4-11-2).
(학교 자퇴한다고 했을 때 아빠는) 처음에는 안 된다고 했다가 내가하겠다고 하니까 '해라' 하셨어요(4-42-1).

성원이의 담임교사: 성원이 어머니는 전적으로 자식편이에요. 아마도 성원이 때문에 마음의 상처가 크셨을 거예요. 부모님도 성원이가 설득한 거예요(6-1).
성원이가 처음 자퇴의사를 비추었을 때, 부모님께 말씀드렸냐고 물어보니까 '엄마한테는 말했는데, 더 생각해보자고 하셨어요. 그렇지만 제 생각 따라 줄 것 같아요'라고 하더군요. 그래서 '아버지는?' 하고 물었더니, '아빠는 그냥 따라 줄거예요' 하고 말했어요. 부모의 영향력이 성원이에게 크지 않으니까 본인이 그런 결정 내린 거 아닐까 하는 생각도 들었어요(6-7).

이상에서 볼 때, '때려친 아이' 성원이의 자퇴결정은 전적으로 본인의 의사에 의해 결정되었다. 학교를 그만 두겠다는 자녀에 요구에 대해 성원이의 부모는 단호하게 자녀를 압도하기보다는 자녀의 요구를 들어주는 것으로 양보를 하였다. 이는 성원이 부모의 자녀에 대해 애정적, 반응적이나 통제차원은 낮은 허용적인 양육태도에서 기인하였다. 즉 성원이의 자퇴 의사결정에서 성원이의 부모님은 배제되었고, 성원이의 결정에 적절히 관여를 하지 못함으로써, 성원이가 학교를 그만 두고자 하는 생각을 더욱 강화시켰다. 성원이 반발을 두려워한 부모님은 성원이의 요구를 수용하는 것으로 부모-자녀 간의 갈등을 줄였지만, 합리적이고 심사숙고해야 하는 자퇴 결정 과정에서 성원이와 부모와의 관계가 단절됨으로써 자퇴 외의 다른 대안을 모색하고, 학교에 대한 부정적인 면과 더불어 긍정적인 역할과 필요성에 객관적인 선택을 할 수 있는 기회를 갖지 못하였다.

(4) 촉진: 선배들의 1학년 길들이기

성원이가 학교를 그만 둔 가장 중요한 이유는 만화가가 되고자 하는 자신에 있어 학교를 다니는 것은 무의미하고, 학교에서 얻는 것도 없고, 시간낭비라고 생각했기 때문이다. 그리고 또 다른 이유는 써클이 싫었기 때문이다. 성원이는 입학 후, '컴퓨터애니메이션' 써클에 가입했다. 성원이가 기대했던 써클활동은 '컴퓨터애니메이션' 그 자체에 몰두하는 것이었다. 그러나 막상 써클 내에서는 1학년들이 할 수 있는 것이 제한되어 있었고, 선배들이 소집하면 아침 일찍 써클실로 집합해서 수업시작 전 시간을 그냥 보내기가 일쑤였고, 방과 후에도 남아있는 날이 많아졌다. 특별히 하는 일도 없이 선배들 눈치 보며 써클실에 앉아 있다 오곤 하였다. 선배들이 남으라고 해서 남아야 하는 것이었다. 그리고 선배들 눈에 들어 잘 보여야 하는 것이 중요했다. 다른 애들은 쉬는 시간에 선배의 교실로 찾아가 우유도 사다주었다.

성원이는 컴퓨터애니메이션 써클이라면 선배들에게 잘 보이기 위해 열심인 것보다는 컴퓨터와 만화에 더욱 열심이어야 하고, 학교수업이 의미 없는 것이어도 써클활동은 의미 있기를 원했다. 그러나 써클활동은 또 다른 학교의 구속이었다. 성원이에게는 의미 없는 학교의 연속으로 써클활동이 작용한 것이다.

성원: 선배들이 저를 안 좋아하는 것 같았어요(4-10-2). 인사를 했는데도 '쟤 왜 저러냐?'라는 식으로 보더라구요. 애들이 선배들에게 잘 보 일려고 아양 떠는 거 전 싫어했거든요 (4-10-3).

이상에서 볼 때, '때려친 아이' 성원이는 '컴퓨터애니메이션' 써클활동에서 만족을 얻지 못하고, 써클 선배들과의 관계는 성원이에게 스트레스를 가져오면서 학교생활에 애착을 덜 느끼게 하는 요인으로 작용하였다. 이렇듯 불만족스러웠던 써클활동은 성원이에게 학교를 벗어나고 싶다는 욕구를 촉진시켰다.

(5) 종결: 학교를 때려침

중학교 3학년 때 성원이는 상업계 고등학교에 진학하려고 했으나, "○○정보산업고등학교"에서 신입생 모집 홍보를 나왔을 때, 진학결정을 바꾸었다. 컴퓨터를 다루는 것을 좋아하고 컴퓨터로 그림을 그리는 성원이는 홍보 나왔던 학교의 '애니메이션과'에 진학하기로 결정을 하였다.

순정만화를 그리는 만화가가 되고 싶었던 성원이는 올해 실업계 고등학교 '애니메이션과'에 진학하였고, 기대했던 것과 다른 고등학교 생활에 실망하였다. 다른 실업계 고등학교와는 달리 성원이가 입학한 학교는 1학년 때는 일반교과목 위주의 수업을 하고, 2학년 때부터 실기과목이 많아지는 학교였다. 학교에서 배우는 것들이 ‘의미가 없고, 얻는 것도 없고, 시간 낭비’라고 생각한 성원이는 자퇴를 결심하게 되었고, 올 5월에 자퇴를 하였다.

　성원이에게 있어서 학교는 지겨운 곳이었고, 친구가 있어서 좋은 점도 있지만 아주 무의미한 곳이었다.

연구자: 입학하고 나니까 어땠니? 네가 기대했던 것과 ……
성　원: 막상 가니까 1학년 때부터 공부한다고 …… 배우고 싶은
　　　　것은 안배우고 ……(4-40-1)
연구자: 학교 진학할 때 ‘과’는 어떻게 정했지?
성　원: 공부보다 과에 신경을 썼어요. 애니메이션과니까 그거에
　　　　대해 많이 배울 수 있을 거라고 생각했는데, 2학년 때
　　　　부터 한다고 하니까 …… 기대했는데, 중학교 때랑 같
　　　　고, 수업도 많고 그런 거에 실망했어요(4-50).
연구자: 학교생활, 수업은 어땠어?
성　원: 학교가 의미가 없어서 …… 시간만 소비하는 게 …… 맨
　　　　날 똑같이 과목 듣는 척하고, 몰래몰래 자고 ……(4-46)

　즉 ‘그림’이 생활 자체였고 오로지 ‘만화’만 관심을 가졌던 성원이에게 있어서 학교공부는 의미가 없었다.

연구자: 성원이가 학교를 그만 둔 직접적인, 결정적인 이유는
　　　　무엇이었나요?
성원이의 담임: 만화가가 되고 싶어 했어요. 볼 때마다 그림을
　　　　그리고 있었죠. 자퇴하고 싶다고 찾아와서는 ‘학교 있는
　　　　시간이 아까워요’라고 얘기했어요. 그 얘기를 여러 번
　　　　했죠. 성원이에게 특별한 일은, 사고를 친다거나 하는

그런 것은 없었지만 만화가가 되겠다는 것 외에는 뚜렷한 계획이 없었기 때문에, 정말 전 많이 말렸어요. '만화가가 되고 싶고, 또 그래서 실업계 고등학교에 왔고, 과도 애니메이션과로 왔는데, 학교에서 배우는 교과서는 의미가 없어요'라고 했어요. 그러면서 '빨리 하고 싶은 것 하며 성공하고 싶다'고 얘기했었죠. (학교가 실업계이고) 애니메이션과이긴 하지만 처음부터 실기 위주로 하진 않거든요. 일반 교과목을 수업을 안 할 수 없잖아요. 게다가 1학년 때는 일반 교과 시간이 많고, 2학년 때나 실기수업들이 많아지거든요(6-3).

이상에서 볼 때, 성원이의 학교중도탈락은 만화를 'Full House'를 읽게 되면서 만화가의 꿈을 키우게 되었으며, 학교생활을 무의미하게 여기는 결정적 계기가 되었다. 그리고 성원이의 주관이 확실하고, 의지가 굳은 소신이 뚜렷한 성격특성과 부모의 허용적인 양육태도가 성적위주의 학교에 대한 부정적 태도를 더욱 확고하게 하였다. 성원이는 만화가의 꿈을 이루기 위해서는 획일적인 학교교육은 의미 없다고 느끼게 되었고, 써클활동 또한 성원이의 기대를 부응하지 못하여 학교를 벗어나고 싶다는 생각을 더욱 촉진시켰다. 결국 성원이는 자퇴를 해야겠다는 결정을 하고, 부모님과 교사에게 자신의 의사를 전달하고 학교를 때려치게 되었다.

2) '때려친 아이'로 살아가기

본 절에서는 학교를 그만 둔 후 '때려친 아이'로 살아가는 성원이의 생활양식을 살펴보고, 학교중도탈락 이후 '때려친 아이' 자신의 미래 삶에 대한 태도를 탐색하고자 한다.

(1) 생활양식: 아르바이트 탐색

성원이는 자퇴 후 두 번의 아르바이트 경험이 있다. 처음의 아르바이트는 인터넷에서 만화가가 문하생을 찾는다는 것을 보고 만화가를 찾아가 문하생으로 있게 되었다. 그 만화가 밑에는 성원이 말고도 여러 명이 더 있었으며, 성원이는 초보이기 때문에 지우개질을 하거나 청소를 했고, 잔심부름을 했다.

성원이는 만화가 문하생으로 아침 10시부터 밤 11시까지 보름 정도 일을 했다. 만화가 문하생의 일은 만화가가 되고 싶은 성원이가 배우는 것도 많았고 재미도 있었지만, 전혀 다른 생활을 할 수가 없었다. 친구들을 만나거나, 쉬고 싶을 때 쉬거나 할 수가 없었던 것이다. 그리고 만화가들이 넉넉한 생활을 하지 않았기 때문에 성원이는 아르바이트를 하는 시간에 비해 많은 돈을 받을 수가 없었다. 성원이는 보름 동안 아침 10시부터 밤 11시까지 일하고 10만 원을 받았다.

결국 성원이는 힘이 들어 그만 두었다. 만화가 문하생으로의 보름은 성원이에게 '만화는 모든 걸 때려치운 사람만이 할 수 있다'라는 교훈을 남겨 주었다.

성원이는 만화가문하생 아르바이트를 그만 두고 나서 주유소에서 아르바이트를 하기 시작했다. 아르바이트를 구하는 것이 쉽지가 않았다. 청소년보호연령 규정 때문에 할 수 있는 일이 많지도 않았고, 편의점은 야간에 일할 사람을 찾지만 여자라서 할 수 없었다. 그러다가 하게 된 일이 주유소 아르바이트였다.

성원이는 주유소에서 일을 하면서 그간에 아르바이트를 구하던 과정에 느꼈던 불만에 하나 더 추가했다. 그것은 바로 외모 차별이었다. 주유소에서는 거의 남자처럼 지냈다. 다른 아르바이트를 하는 오빠들에게도 형이라고 불렀다. 자존심이 많이 상했지만 꾹 참고 일만 했다. 그렇지만 역시 참고 있기도 힘이 들어 그만두게 되었다. 주유소에서 일한 열흘치 월급은 받지도 못했다. 미리 이야기를 해주지 않았기 때문이라고 했다. 그리고 인수인계하는 일주일간은 원래 월급을 안주는 것이라고 했다.

성원이는 주유소에서 일하면서 '사람들과 관계를 맺으며 사는 것이 힘들다'라는 교훈을 얻었다.

두 번의 아르바이트를 하면서 배운 것이 많다. 다른 사람과 지내는 것이 생각보다 쉽지 않았던 것이다. 그리고 아르바이트를 구하는 과정도 어렵다. 성원이가 일을 할 수 없는 이유가 많은 것이다.

성원: (새로운 아르바이트를 찾고 있는데) 주유소는 너무 힘들고 한번 디여서 하기 싫고요. KFC나 커피숍 …… 근데 잘 안되요(4-57-2). 19세 미만은 잘 안 써주고요, KFC 같은 데는 시급(시간당 급여)이 너무 짜고 …… 시간당 2천 원 정도 ……(4-57-8)

이상에서 볼 때, 자퇴를 하고 학교 밖으로 나온 '때려친 아이' 성원이는 처음에는 만화가 문하생, 그 다음에는 주유소 주유원으로서의 아르바이트하였다. 처음의 만화가 문하생은 자신의 꿈을 실현하기 위한 연마의 단계로서 그 실현가능성을 더욱 높이기 위해서 선택한 것이다. 두 번째 주유소 아르바이트는 집에만 있는 것이 부모님에게 미안하고, 학원비를 벌기 위해서 시작한 것이었다. 성원이는 자퇴를 하기 전에 학교를 그만 둔 후의 생활에 대해서 나름대로의 계획을 세워보았지만, 막상 현실은 뜻한 대로 이루어지지 않았다. 즉 성원이는 모든 걸 때려치울 수 없기 때문에 만화가 문하생 아르바이트는 보름 만에 그만두어야 했다. 성원이에게는 친구들을 만나는 것도 중요하고, 스스로 용돈도 벌어야 하고, 체력적으로도 고된 일이었기 때문에 포기한 것이다. 또한 학교를 매개로 형성되었던 교사, 친구들과의 대인관계가 이제는 아르바이트를 하는 직장을 매개로 형성되는 대인관계로 전환되었지만, 성원이는 그 관계맺기와 적응에 어려움을 겪고 있다. 그러므로 학교를 ‘때려친 아이’ 성원이는 만화가의 꿈을 펼칠 수 있는 환경여건을 찾는 것으로부터 물러서서 학원비를 충당하고, 용돈을 벌고, 집에서 눈치를 안볼 수 있는 현실적인 어려움을 해결해줄 수 있는 아르바이트를 찾아나가고 있다.

(2) 넘을 수 없는 벽: 졸업장

성원이는 만화가가 되고 싶고, 그 꿈은 의미 없는 학교 안에서보다는 학교 밖에서 실현할 수 있는 것이라 생각을 하고 자퇴를 하였다. 그러나 자신에게나 친구들에게 졸업장은 필요한 것이다. 성원이는 친구들이 ‘학교 열심히 참고 다니기’를 바라며, 자신은 검정고시를 해서 졸업장을 따고 싶어 한다. 성적위주의 학교를 지겨운 곳이라고 표현한 성원이에게 졸업장은 교육을 의미하는 것이 아니다. ‘꿀리고 싶지 않다’라는 것은 교육을 통한 학업성취의 의미보다는 학교자격증을 획득하는 것을 의미한다. 학력위주의 사회에서 중졸이라는 학력으로 살아가기가 힘들며, 현재 학교를 다니고 있지 않지만, 학교졸업장은 살아가기 위해 필요한 것으로 인식하고 있고, 그래서 졸업장을 거부하지는 않는다. 또한 대학진학을 희망하며, 대학은 중고등학교 생활보다는 자유로울 거라는 기대를 가지고 있다.

연구자: 학교 다니고 있는 친구들에게 해주고 싶은 말은?
성 원: 공부 못해도 고등학교 졸업은 해야지 …… 졸업장은 있어야지 ……(4-70-1)

연구자: 졸업장은 있어야 한다고 생각하니?

성 원: 저는 검정고시해서 졸업장 따야줘. 이루겠다고 작정했는
데 다른 애들보다 이뤄지지 않으면 않 데는데 …… 뭔
가 쌓아 놓고 당당하게 ……(4-70-2)

연구자: 뭔가 쌓아놓고 …… 뭐지?

성 원: 뭔가 이뤄놓고 싶어요. 검정고시도 그렇고 …… 꿀리고
싶지 않아요(4-70-3).

연구자: 대학은 가고 싶니?

성 원: 음 …… 왜냐면 어른들은 학력주의니까요. 중졸학력 갖고
뭐 하겠어요. 그리고 대학, 한번쯤 가고 싶어요(4-61-1).

연구자: 왜 대학에 가고 싶지?

성 원: 자유로울 것 같고, 수업도 ……(4-61-2)

이상에서 볼 때, '때려친 아이'는 앞으로 진학을 위해서 검정
고시를 선택하였다. 또래의 친구들과 비교해서 '꿀리고 싶지 않
다'는 욕구는 검정고시를 통한 고등학교 졸업장을 획득함으로써
해소될 수 있다고 생각한다. '때려친 아이' 성원이의 이러한 태
도는 학력은 어느 단계까지 교육적 경험을 하였는가를 말하는
것이고 최종 학교의 졸업장은 그 징표이므로, 학력주의 사회에
서는 학교 졸업장을 사회적 가치로 인정하는 입장이나 태도를
취하고 있다는 생각이 근저에 자리 잡고 있다.

IV. '짤린 아이'와 '때려친 아이'의 사회적 맥락

　본 장에서는 학교중도탈락이 다변인적이고 복합적인 체계 내에서 발생하는 현상이므로, 사회문화적 맥락의 수준에서 학교중도탈락에 대한 심층적인 이해를 도모하고자 한다. 이에 학교중도탈락 청소년인 '짤린 아이'와 '때려친 아이', 친구, 교사와의 면접을 통해 학교중도탈락이라는 현상에 걸쳐있는 사회문화적 맥락의 상호작용, 상호 관계를 파악하고자 한다.

1. '짤린 아이'의 사회적 맥락과 의미

　본 장은 자아통제기능이 부족한 청소년, 의미 있는 친구, 잘 모르는 교사, 무기력한 부모와 같은 맥락 수준에서 학교중도탈락의 사회문화적 맥락의 상호작용, 상호 관계를 파악하고자 한다.

1) 통제력 부족의 청소년

　우진이의 학교중도탈락은 장기결석으로 인해 담임선생님과 어머니의 결정으로 학교를 자퇴하게 되었다. 자퇴 전 친구네 집에서 생활을 하던 우진이는 담임선생님이 집에 전화를 걸어 어머니께 자퇴를 권유한 사실을 모르고 있었다.
　우진이는 혼자 살고 있는 친구 규환이네와 술주정뱅이 아버지 때문에 고생하는 연희네 집을 오가면서 학교를 무단결석하기 시작했다. 2학년에 올라와서는 규환이와 함께 거의 연희네 집에 있었기 때문에 학교를 출석한 날이 한 달가량밖에 안 되었다.

학교를 안가는 날은 늦게 일어나 친구들과 함께 '걍(그냥) 싸돌아다니며' 놀았다. 동네를 어슬렁어슬렁 다니며 '여자 꼬시러 다니기'도 하고, 오락실 가서 담배도 피고, 친구와 만화도 보고, 비디오도 보고, 과자 먹으며 인생얘기나 하며 일상생활을 보냈다. 한때는 밤새 도둑질을 하며 보내기도 하였다. 집털이, 슈퍼털기, 자판기뜯기 등을 할 때 한 달에 1000만 원 이상을 벌기도 했다. 그러나 쉽게 번 돈은 쉽게 썼다. 하루에 3, 40만 원을 쓰는 것은 예사였다. 우진이의 밤생활은 교사도, 어머니도 몰랐다. 어머니가 경찰서에 온 적은 합의할 때 한번이었다. 우진이가 사는 동네의 파출소는 우진이의 사진이 붙어있을 정도라고 했다. 동네에서 사고만 나도 우진이를 먼저 의심하였던 것이다. 그러나 한번도 걸린 적이 없었다.

이러한 밤생활과 친구들과의 무절제한 생활로 인해 우진이는 결석하는 날이 많아질 수밖에 없었다. 그리고 무단결석으로 인해 학교를 짤린다는 것은 생각하지도 못하였다. 학교를 가지 않고 그냥 돌아다니며 놀러 다닌 우진이는 학교를 가야겠다 생각했다가도 다음날 되면 '귀찮아 내일 가자'며 또 결석을 하는 것이 반복된 것이었다.

우진이는 자신의 무단결석으로 인하여 자퇴를 하게 된 것은 인정하나, 그럼에도 계속 학교는 다니고 싶었다고 이야기하며, 자신을 자퇴시킨 담임선생님과 학교를 원망했다. 그러나 우진이는 학교출석을 위한 노력을 자신의 의지부족으로 지속하지 못했고, 자신의 생활을 통제하지 못하였다.

자기통제력을 가진 사람은 이성적이고 의식적인 차원에서 조절하여 자신의 행동을 통제할 수 있다. 자기통제력을 가진 사람은 과거의 충동과 욕망은 인식하되 거기에 사로잡혀 있지 않으며, 미래의 계획을 세우되 그것을 위해 현재를 완전히 희생하지 않는다. 자기통제력이 있는 사람은 ‘지금, 여기에’ 존재하며 당면한 모든 문제를 의식적인 차원에서 다룬다. 그러나 우진이는 장기무단결석으로 인한 결과를 예측하지 못하였고, 자신의 생활에 대한 책임감의 결여, 자기통제력의 부족을 보였음을 알 수 있다.

또한 우진이는 ‘학교는 다녀야 한다’고 생각한다. 학교를 그만둔 것에 후회를 하고 있고, 자기에게는 아직 학교에 다닐 기회가 있다고 생각한다. 학교를 계속 다녀야 하는 이유는 ‘걍(그냥) 다니고 싶어서’이다. 우진이에게 있어서 학교에서 배우는 것들은 ‘쓸 데 없는 것’들이지만, 학교를 안다니고 사회에서 성공하기는 힘들며, 학력위주의 사회에서 살아나가기 위해서는 고등학교 졸업은 기본인 것이다.

연구자: 학교를 계속 다니고 싶어 하는 이유는 무엇이니?
우 진: 걍(그냥) …… 커서 먹고도 살아야 되고 ……(1-27)
연구자: 다른 사람들이 학교를 그만 두지 않는 이유는 뭘까?
우 진: 미래를 위해서 그렇죠(1-28).
연구자: 너가 학교를 다닌 이유는 뭐니?
우 진: 사회가 학교를 나오지 않으면 보는 눈이 달라요. 솔직히 먹고 사는 데는 더하기, 빼기만 할 줄 알면 되요. 학교서 배운 거, 쓸 일이 없어요(1-29).

즉 우진이에게 있어서 교복은 행동의 제약인 동시에 자신의 생활을 통제할 수 있는 수단이 되기도 한다. 우진이는 학교를 자퇴하고 나서 자기가 하고 싶은 대로 하고 다니는 것이 편하고 좋았다. 학교를 다니지 않고 교복을 입지 않기 때문에 마음대로 머리도 기를 수 있고, 빨갛게 염색을 할 수 있고, 걸어 다

니면서 담배를 피우며 다닐 수도 있지만, 생활이 불규칙해지고,
절제 있고 규모 있는 생활을 하기 힘들다. 학교를 짤린 지금은
자신의 통제기관이 없어졌다. 비록 밤에 도둑질을 하였지만, 학
교이미지도 있고 해서 되도록 걸리지 않게 조심하였다.

우진: 자신이 학생이란 것을 머리 속에 넣고 다니면, 행동을 조
　　　심하게 해요. 지금은 내 자신을 위해서 조심하지만 ……
　　　(1-30-2)
　　　학교 다니면 학교 이미지도 생각하게 되잖아요. 교복 입
　　　으니까 …… 나쁜 일도 덜하고 …… 교복을 벗어버리면
　　　할 수 있는 게 많아요. 교복이 행동을 제약하죠. 교복입고
　　　술집을 들어가겠어요? 교복입고 제 하고 싶은 대로 다 할
　　　수 없잖아요(1-30-3).
　　　애들은 제가 일도 하고, 돈도 벌고, 놀고 그래서 좋겠다고
　　　하는데, 처음에는 이게 좋죠. 학교 때려쳐서 돈 모으는 애
　　　는 극소수예요. 다 쓰지 …… 하고 싶은 거 맘대로 해봤자
　　　망가지기밖에 더하겠어요(1-32).

　이상에서 보는 바와 같이, 우진이의 학교중도탈락은 자기통제
력의 부족에서 기인하였고, 학교는 절제 있는 생활을 유지시키
는 통제수단으로써 기능하였다. 그러나 우진이는 그 사실을 학
교를 중도탈락한 후에야 깨닫게 되었다. 이러한 후회는 복학욕
구로 표출되었지만, 그 기대는 학교의 거부로 좌절되었다.

2) 의미 있는 친구

　친구 영은이와는 초등학교 동창으로 올해(2001년)부터 사귀다
가 여름에 헤어졌다. 영은이는 우진이의 생활, 생각에 대해서 누

구보다 잘 알고 있을 거라고 자신하였으며, 우진이 또한 “그런 거는 영은이한테 물어봐도 알 수 있는데, 굳이 저한테 물어보세요? 걘 저에 대해서 다 알아요” 말하여, 둘 사이의 친밀함을 나타냈다.

우진이는 영은이 때문에 자신의 성격, 생활, 노는 것, 하는 것 등이 다 변했지만 그 변화가 좋은 것인지 나쁜 것인지는 신경 쓰지 않는다. 영은이가 그렇게 하라고 해서 할 뿐이었다. 그러나 우진이가 힘 안들이고 쉽게 돈 버는 깡패나 도둑질을 하지 않게 된 것도 영은이와 사귀고 나서이다. 영은이와 사귄 후부터 어머니와 이삿짐센터에서 일을 했었다. 그리고 영은이가 월급을 타면 어머니에게 드리라고 해서 어머니에게 일부를 드렸다. 또 복학을 해야겠다는 생각을 가지고 있었지만 재촉하며 충고를 해준 사람도 영은이다.

영은이는 우진이에게 있어 의미 있는 중요한 사람이었다. 영은이는 자신에게 애정을 갖고, 관심을 가져주며, 그리고 사회적 지지를 해주는 사람이었고, 자신의 삶에 잠재적으로 강력한 영향을 주었고, 우진이가 영은이의 선택을 가치 있게 여기고 존중해줬고, 영은이의 태도가 우진이의 자기인식을 형성하도록 도와주었고, 영은이의 말 한마디, 특별한 반응이 우진이의 심리적 기능에 영향을 준 의미 있는 중요한 사람이었다.

한편 영은이의 주변에는 학교를 그만 둔 친구들이 많이 있다. 그중에는 취업 때문에 학교를 그만 둔 친구도 있지만, “그냥 때려친” 친구들도 있다. 영은이 자신도 학교 다니는 것이 짜증이 나고, 학교에서 보내는 시간을 “시간 때우기”라고 표현하며, “졸업을 위해서” 학교를 다닌다고 한다. 그러나 학교를 그만 둔 친구들에 대해서 “부럽기도 하지만 …… 아직도 정신 못 차리고 방황하는 애들이 있어서 걱정스러워요”, “학교중도탈락은 안 하

84

는 게 좋지 ……"라는 입장을 밝힌다.

영은이는 학교를 다니고 싶지 않을 때도 있고, 그래서 무단결석하고 놀러 다니기도 했지만, 주변의 학교중도탈락 청소년들의 현재 생활을 방황이라고 여기고, 걱정스럽게 여기는 내적 통찰력과 부모님의 보호와 통제라는 외적 요인에 기인해서 자신이 학교를 그만두지 않는 이유를 설명한다.

영은: (학교다니는 게 짜증나지만 그만 두지 않는 이유는) 졸업을 위해서요 …… 학교 그만 두면 뭐해요? 더 나아질 것도 없고, 막상 학교 나가도 할 수 있는 게 없어요. 뭔가를 하고 싶어서 그만둔다고 해도 그게 뜻대로 되나요. 그럴 바에는 학교 졸업하고 하지 …… 졸업하고 안하고 (하고 싶은 것을) 하는 것은 엄청난 차이가 있어요. 다른 사람들 시선도 곱지 않고 …… 그리고 무엇보다도 전 울 엄마 땜에 안 되요. 조그만 늦게 와도 난리가 나는데 …… 내가 누굴 만나고 다니는지 엄마가 알면 난리날거예요. 우리 부모님은 저에 대한 기대가 너무 크죠. 대학진학도 그렇고, 얌전해야 하고 …… 어쨌든 복잡해지니까 얌전히 학교 다니다 졸업해야죠(2-44).

이상에서 볼 때, 우진이에게 있어 영은이는 자신의 삶에 가장 많은 영향력을 끼친 의미 있는 사람이다. 영은이에게 있어 우진이를 포함한 주변에 학교를 그만 둔 친구들은 걱정스러울 뿐이다. 영은이가 이러한 생각을 갖게 된 데에는 학력을 중시하는 우리 사회의 분위기와 학교를 그만 둔 친구들의 불규칙하고, 무계획적인 생활이 영은이의 학업을 지속시키는 동인(動因)으로 작용한다.

3) 잘 모르는 교사

　우진이의 담임선생님과 통화하기 위하여 통화가 가능한 점심시간이나 정규수업이 마칠 시간쯤에 학교에 여러 번 전화를 걸었고, 여러 날의 통화시도를 후에 전화연결이 된 우진이의 담임선생님에게 연구자를 소개하고, 인터뷰를 요청하였다.

　우진이가 다니던 학교는 서울에 위치한 인문계 고등학교로 남녀공학이었다. 연구자는 우진이 담임선생님과 만나기로 약속한 학생부실로 찾아갔을 때는 1교시 수업이 진행되고 있는 시간이었는데, 학생부실 앞 복도에는 5개의 책·걸상이 나와 있었으며, 대걸레를 들고 복도를 닦고 있는 남학생 2명이 눈에 띄었다. 걸상에는 배낭이 걸려있고, 책상 위에 교과서를 올려놓은 책상도 있었다.

　우진이의 담임교사는 우진이가 1학년 때에도 그 반 수업에 들어갔었다. 1학년 때에도 우진이는 학교에 잘 안나왔고, 수업시간에는 거의 엎드려 잤다고 한다. 2학년에 올라와서는 3월에 한 달 정도 학교를 나오고 그 후로 안 나와서, 우진이의 어머니께 자퇴를 권유하였고, 우진이 어머니께서 우진이와 함께 학교로 오셔서 자퇴동의서에 도장을 찍었다고 한다.

　연구자가 우진이의 담임교사에게 전화를 걸어 인터뷰 요청을 하였을 때와 면접 약속시간에 연구자와 첫 대면에서 "우진이에 대해서는 별로 드릴 말씀이 없는데 …… 굳이 만나러 오셨네요 ……"라는 것을 시작으로 면접을 진행하였다. 우진이 담임교사는 우진이의 전반적인 생활에 대해서는 잘 알지 못하였고, 무관심하였기에 연구자와의 면접에서 "아, 그랬어요? 전 몰랐는데 ……"라는 말을 종종 했다.

　우진이 담임교사가 보는 우진이는 '자유로운 애'였다. 자유로운 우진이는 머리도 기르고 염색을 하는 등 교칙에 대해 반항적 태도를 가지고 있었다. 그렇지만 학교 내에서는 특별히 문제를 일으키지 않았고, 내성적인 성격의 우진이는 학교에서는 결석해서 혼나고, 출석한 날은 엎드려 자는 것이 일상이었다. 우진이는 결석하는 것 말고는 특별히 사고를 일으키지도 않았고, 수업중간에 나가거나 학교수업이 끝나지 않았는데 그냥 귀가하는 등의 행동으로 다른 학생들을 방해하는 행동을 보이지는 않았다. 교사와 학급 내 친구들과 거의 상호작용이 없었으며, 혼자 지냈고, 교사에게서 거의 관심을 받지 못하였다. 반복되는 결석과 그에 대한 교사의 꾸중에 반항을 하거나 공격적인 행동을 보이지 않았다. 단지 담임교사가 학교출석을 권면하고, 그 순간에 우진이는 그렇게 하겠다고 하지만, 계속적으로 교사의 출석권면과 우진이의 무단결석이 반복되었을 뿐이다.

담임교사는 우진이가 겪는 개인의 내적 문제, 학교 내 친구관계, 학교 밖의 생활은 우진이가 말을 하지 않았기 때문에 알 수 없었고, 그래서 우진이에 대해서는 별로 할 이야기가 없다고 한다.

연구자: 우진이의 성격은 어떤 편이었나요?

우진이의 담임: 내성적이었죠. 딴 데서는 잘 모르겠지만 학교에선 맨날 혼나니까 …… 안 나온 날이 워낙 많으니까 ……(3-4)

연구자: 우진이가 학교 밖에서 싸우거나 등등의 일로 경찰서나 파출소에서 학교로 연락이 온 적은 없었는지요?

우진이의 담임: 아뇨. 전혀요. 경찰서나 파출소에서 연락이 온 적 없습니다(3-11).

연구자: 제가 듣기로는 우진이의 사진이 동네 파출소에 붙여 있을 정도라고 하더군요. 동네에서 아이들이 싸우거나 없어진 것들이 있으면 우진이를 찾는다고 하던데요?

우진이의 담임: 그랬습니까? 전혀 그런 일 없었는데 …… 학교 밖에서 사고치거나 그런 것 같진 않았는데요(3-12).

연구자: 우진이가 학교에서 싸우거나, 아이들을 괴롭히거나 해서 선생님들게 혼이 난 적은 있는지요?

우진이의 담임: 아뇨. 학교에선 그런 것으로 문제를 일으키지는 않았는데요. 학교를 안 오거나 늦게 와서 그랬죠. 오면 계속 엎드려 자고 …… 그래서 혼났죠(3-13).

연구자: 우진이가 학교에서 친구들과는 어떻게 지냈는지요?

우진이의 담임: 학교를 나왔어야죠. 밖에서 친구들과 어울리니까 ……(3-14)

연구자: 선생님께서는 우진이가 가진 장점을 무엇이라고 생각하세요?

우진이의 담임: 글쎄요 …… 맨날 혼나고, 안나오고, 나와도 그 지도만 해서 잘 모르겠네요. 한 달이나 나왔나?(3-39)

이상에서 볼 때, 학교 안에서의 우진이는 학교생활의 성취에 대한 동기화가 부족하여 의지가 없는 학생이었다. 그러한 우진이에 대하여 학교는 반복지도를 통하여 학교출석을 독려했을 뿐이다. 그것이 우진이에 대한 유일한 지도방법이었다. 즉 우진이는 고립된 학생이었고, 교사와 친구들과는 상호작용이 없으며, 교사로부터 관심을 받지 못하는 학생이었다. 한편 우진이가 학교를 그만 둠으로써 더 이상 학교는 우진에 대해서 책임을 지지 않게 된 것이다.

4) 무기력한 부모

우진이 어머니와의 면접의사 전달은 우진이와 그의 친구 영은이를 통해서 전하였다. 우진이는 처음부터 어머니가 안하실거라고 했지만 어머니께 말씀드려 보겠노라고 하였다. 또 평상시 우진이의 어머니께서 영은이를 예뻐하시고, 집에 놀러 오는 것도 반기신다는 이야기를 듣고 영은이를 통해서 면접을 부탁드렸다. 그러나 우진이의 어머니께서는 바쁘셔서 만날 시간이 없으며, 자랑할 만한 일이 아니기 때문에 이야기하고 싶지 않다며 거절하셨다.

우진이, 영은이, 담임교사를 통해 알아 본 우진이 어머니는 우진이가 고등학교를 졸업하길 바라고 계신다. 우진이의 학교중도탈락은 남들에게 자랑할 만한 일이 아니며, 그 문제에 대해서 다른 사람들과 이야기하는 것을 꺼리신다. 아들 둘을 데리고 사는 모자가정의 가장으로서 사는 것이 힘들고 직장생활을 하고 있기 때문에 자녀들에게 마음같이 신경을 써 줄 수가 없다. 또한 우진이의 독립적이고 자유로운 행동과 의견에 대해서 강제로 통제하지 않고, 견제하지도 않으며, 권위를 행사하지 않는다. 우진에게는 간섭을 하지 않고 알아서 하길 바라실 뿐이다. 이러한 무관심과 방치는 우진이 어머니의 방임적인 양육태도에서 기인하는 것이라 볼 수 있다.

우진이는 학교중도탈락 이후의 가족관계의 변화가 없다고 한다. "똑같아요. 저 알아서 하라고 ……"

연구자: 자퇴할 때 어머니는 어떠셨니?
우　진: 쪽 팔리잖아요. 자랑이 아닌데 …… 글구 어머니는 암말 안 해요. 제가 하는 일에 별로 신경 안 써요. 제가 알아서 하는 거예요. 알아서 …… 남의 말 잘 안 들어요 (1-22).
연구자: 어머니가 요즘, 지금의 네게 제일 바라는 것은 뭘까?
우　진: 고등학교 졸업이겠죠. 잘 되길 바래요. 특별히 바라는 것은 없지만 제가 잘 되길 바라겠죠. 난리치지 않는 것만

도 …… 예전에 비해 ……(1-53-1)

연구자: 난리치지 않는 것?

우　진: 전에는 집에도 잘 안 들어가고 했는데, 요즘은 일 끝나면 집에 가서 자고 하니까 …… 꼬박꼬박 들어가고, 일 열심히 하고 ……(1-53-2)

연구자: 복학한다고 했을 때 어머니는 어떠셨니?

우　진: 복학한다고 좋아했죠. 근데 제가 알아서 하니까 그런 거 걱정 안 해요(1-54).

연구자: 우진이 어머니는 우진이가 다시 학교에 다니시길 바라시니?

영　은: 우진이 엄마 입장에선 졸업장이 우선이겠죠. 제가 집에 놀러 가면 '학교 잘 다니니? 고3인데 공부 좀 해야지!' 하고 말씀하세요. 제가 학교를 다니고 있는 것만도 좋게 보시는 것 같아요(2-28).

연구자: 우진이의 엄마는 우진이가 복학할 때 어떻게 생각하신 것 같니?

영　은: 우진이가 학교 간다고 했을 때 좋아하셨대요. 근데 교장이 반대해서 안됐으니까 …… 우진이가 자기 엄마랑 같이 복학 신청하러 학교에 갔는데, 교장이 안 된다고 해서 엄마가 욕하며 싸웠대요(2-38).

연구자: 우진이에 대한 어머니의 관심은 어떠했는지요? 우진이 말로는 자기 일은 자기가 알아서 해왔기 때문에 어머니는 상관 안하신다고 했는데요 ……

우진이의 담임: 어머니께서 신경 많이 쓰셨죠. 우진이 때문에 학교도 여러 번 오시고 …… 그렇지만 돈을 벌러 다니니까 마음같이 안 되는 거죠 ……(3-8)

연구자: 우진이가 학교에 안나오는 것에 대해서 어머니는 뭐라
고 하셨나요?
우진이의 담임: 보내겠다고 하죠. 보내겠다고 …… 근데 애가
안나오니까 …… 어머니가 하도 혼나서 (우진이가 학교
를 안 가는 것에 대해서) 단련이 된 것 같아요(3-9).

이상에서 볼 때, 우진이의 가족은 가족구성원 간의 정서적 유
대관계가 낮으며, 가족체계의 발달적 변화나 상황에 대해서 권
력구조, 역할관계가 분리되었다고 볼 수 있다. 즉 우진이의 장기
무단결석에 대해 통제하지도 않고, 권위를 행사하지 않는 방임
적인 양육태도는 부모의 무력함을 반영하는 것이라고 볼 수 있
다. 또한 우진이가 학교를 그만 둔 후에도 이러한 태도는 지속
적으로 작용하여 우진이가 일을 하던, 복학을 하던 간에 진로선
택의 결정을 우진이 스스로 알아서 하길 바라며, 관여를 하지
않고 있다. 그러나 우진이의 자퇴는 어머니에게 있어서 자랑거
리가 아니며, 남들에게 이야기 할 만한 일이 아니다. 학교중도탈
락 자녀에 대한 부정적인 시각을 극복할 수 없으며, 이로 인해
우진이의 어머니 또한 심리적인 불안정을 경험하고 있다고 볼
수 있다.

2. '때려친 아이'의 사회적 맥락과 의미

본 장은 학교와 마찬가지로 집에서도 똑같이 시간을 때우고
있는 청소년, 동조하는 친구, 염려스러운 교사, 심리적으로 위축
된 부모와 같은 맥락 수준에서 학교중도탈락의 사회문화적 맥
락의 상호작용, 상호 관계를 파악하고자 한다.

1) 시간 때우는 청소년

성원이에게 있어서 학교는 지겨운 곳이고, 친구가 있어서 좋은 점도 있지만 아주 무의미한 곳이다. 복학에 대한 기대도 없으며, 자퇴에 대한 후회도 없다. 똑같은 생활을 반복하는 의미 없는 수업시간이 싫어서 학교를 그만 두었기에 후회할 것은 없다고 생각한다. 학교에 대한 기대, 바램도 없다. 오히려 "바란다고 이루어지는 것도 없고요. 성적위주의 학교생활, 이런 거 변할 수 있을까요?"라며 반문한다.

청소년기는 논리적인 사고가 가능하게 되고 추상적인 개념을 다룰 수 있는 능력이 생김에 따라 사고의 세계가 현실적인 구속을 벗어나서 가능성과 이상의 세계로 확장된다(김애순·윤진, 1997; 최윤미 외, 1998).

성원이는 현재의 획일적인 학교 교육과정과 공부 잘하는 아이들만 대우받는 성적위주의 학교교육이라는 자신의 과거 경험 그리고 만화가로서의 자신의 꿈을 이루고 살아갈 미래에 대한 가능성을 검토해 볼 때에, 자신의 위치, 능력, 가능성, 가치 등은 학교의 구속을 벗어나서 실현할 수 있는 것이다.

그러나 성원이의 생활은 학교중도탈락 이전이나 이후나 별로 달라진 것이 없다. 학교를 그만 두기 전 성원이는 '학원도 안다녀서 주로 그냥 집에서 놀기만 했다'고 한다. 집에서 만화책 보고, 친구들 만나고 하는 것이 일상생활이었고, 지금도 그렇다. 이전에는 학교에서 시간을 때웠고, 지금은 집에서 시간을 때울 뿐이다. 장소만 바뀌었다.

자퇴를 하기 전보다 마음은 편해졌지만, 계획을 짰던 일이 지켜진 것이 없어서 현재 생활에 만족스럽지가 못하다. 아르바이트를 해서 돈을 모아 만화학원도 다니고 검정고시학원도 다니

92

고 싶지만 아르바이를 구하는 것이 잘 되지 않는다. 그래서 집에서 놀며 일자리를 찾고 있는 것이다.

성원: (요즘은) 그냥 집에서 놀아요 …… 평소엔 그냥 집에서 컴 (컴퓨터) 하고, TV보고, 그림 그리면서 지내구요. 친구들이랑 자주 만나서 놀러 다니고요 ……(4-20-1)
(학교를 다닐 때와 지금이) 비슷해요. 걔들은(학교 다니는 애들은) 학교서 공부안하고, 시간 때우고 …… (학교) 끝나면 돈벌고(아르바이트 하고) …… 친구들은 학교서 시간 때우고, 전 집에서 ……(4-66)
계획했던 것들은 집에서 할 수 있는 일들이 별로 없어요. 학원을 가려고 해도, 배우려고 해도 집안환경이 안 따라주니까 …… 결론은 아르바이트인데, 사람들 하고 지내는 것도 힘들어요. 생각했던 것보다 ……(4-73-3)

이상에서 볼 때에, 성원이는 하고 싶은 일이 확고해서 그 일에 몰두하기 위해서 학교를 자퇴해야겠다는 의지와 동기가 강하였지만, 계획적인 행동통제를 하지 못하였다. 즉 성원이는 자퇴 이전에 무의미한 학교생활을 그만둠으로써 만화가의 꿈을 키우는 데 주력해야겠다는 자신의 의지를 과신하지 않고, 자퇴 후의 생활에 대해서 심사숙고하여 합리적인 결정을 내리고, 치밀하게 검토하지 못하였다. 그러하기에 학교에서도 집에서도 시간을 때우며 지내고 있는 것이다.

2) 동조하는 친구

성원이와 진희는 올해 고등학교 입학 후 '컴퓨터애니메이션' 써클을 통해서 알게 되었다. 학기 초에 같은 써클, 같은 자리에 앉게 된 것이 인연이 되었다. 대화를 나누다 보니 성원이가 착해서 친해졌다고 한다. 성원이와 진희는 지금도 인터넷버디에서 틈나는 대로 메모도 남겨놓고, 대화도 나눈다. 써클보다는 인터넷버디에서 더 많은 이야기를 나누게 되었다고 한다. 요즘에는 얼마 전에 새롭게 단장한 성원이의 홈페이지에 접속하여 이런 저런 이야기들을 남겨 놓는다. 성원이의 홈페이지는 회원제로 아이디와 비밀번호를 등록해야 접속할 수 있다. 한동안 성원이의 휴대폰이 통화정지여서 진희는 성원이의 홈페이지에 들어가 연락을 취했다.

성원이와 진희가 가까워진 데는 또 다른 이유가 있다. 성원이는 자퇴의사를 담임선생님께 이야기하고 나서 생전 처음으로 이틀 동안 무단결석을 했었다. 학교를 가지 않고 서성이던 곳이 동네의 지하철역이었는데, 그때 만난 사람이 바로 진희이다. 진희도 그 당시 일주일째 무단결석을 한 상태였다. 그 둘은 왜 학교를 안 갔는지에 대해 이야기를 나누었으며, 서로에 대해 더 잘 알 수 있는 계기가 되었다.

진희는 자기 일을 할 수 있는 시간이 많은 성원이가 부럽다. ‘감옥’인 학교를 자퇴해서 그림 그리고 싶을 때 그림 그리고, 자기가 하고 싶은 만화만을 생각하며 보내는 시간이 부럽다. 성원이의 생활은 자유 그 자체이다.

진희가 보는 일반적인 학교중도탈락 이유는 “첫째, 공부문제 …… 공부하기 싫은 사람, 둘째, 밖에서의 생활 …… 주먹질하는 …… 일명 날라리들과 어울려서 …… 셋째, 친구문제 …… 친구가 자퇴하면 같이 자퇴해서 매일 함께 다니는 아이들”이다. 그러나 성원이는 지금까지 주변에서 본 일반적인 경우와 다르다. 성원이는 자기가 하고 싶은 일을 찾아서 학교를 그만둔 것이다. 교감선생님도, 담임선생님도, 써클 선배언니들도 주변에서 모두

들 말렸으나 성원이는 만화가가 되고 싶다고 학교를 자퇴한 것이다. 써클 선배는 진희에게 성원이를 잡으라고 했고, 실력도 우리 써클에서 제일 좋고, 앞으로 만화 쪽 일을 해보고 싶어 하는 것이 써클활동과 잘 맞으니까 성원이를 설득하라고 했다. 그렇지만 모두의 만류를 뿌리치고 성원이는 자퇴를 한 것이다.

진희: 학교 자퇴할 때, 교감선생님이 잘 해보라고 한 애는 아마 성원이 밖에 없을걸요(5-34).

진희가 학교에 대해서 바라는 것은 "시험을 없애주던지 …… 학교를 없애주던지 ……"이다. 학교에서 제일 많이 단속하는 것은 옷차림이나 머리도 아니며 오로지 '성적'이라고 이야기한다. 그러한 학교환경에서 진희는 공부하고 맞지 않으며, 성적도 좋지 않기 때문에 선생님들의 관심 밖의 대상이고, 학교 다니지 않으면 사는 것이 재미있을 것 같다. 학교만 안다니면 아르바이트도 하고, 하고 싶은 피아노, 컴퓨터 등도 맘껏 할 수 있을 것 같다.

이상에서 볼 때, 진희에게 있어 학교는 '감옥'이고 '구속'일 뿐이다. 학교는 스트레스를 주는 공간이고, 학교라는 스트레스 구조 속에서 가장 많은 심리적인 건강과 갈등을 야기하는 사건은 공부, 시험이다. 이러한 스트레스에서 벗어나서 자기가 하고 싶은 일을 하는 성원이가 진희는 부러울 따름이다. 더욱이 성원이는 교사도, 선배도, 친구도 말린 자퇴를 하였기에 다른 사람에게 성원이에 대해서 이야기하는 것이 오히려 당당하다.

3) 염려스러운 교사

성원이의 담임교사와 통화하기 위하여 학교에 전화를 걸었을 때, 그날은 1학년들 모두 오전수업만 하고 오후에는 연극관람을 하러 갔다고 했다. 전화를 받은 그 학교의 교사가 누구냐고 물어 연구자는 '학생의 언니'라고 답했더니, 휴대폰으로 전화를 해보라며 담임교사의 휴대폰번호를 알려주었다.

휴대폰으로 전화를 걸어 연구자를 소개하고, 인터뷰 요청을 하였을 때, "성원이에 대해서 제가 잘 말씀드릴 수 있을지 모르겠네요. 입학하고 3개월 채 안 되서 자퇴를 해서요. 근데 성원이는 다른 아이들과 달라요. 다른 아이들처럼 말썽 피우거나 해서 학교를 그만 둔 것은 아니었거든요."라고 말하며, 도움이 된다면 기꺼이 만나겠노라고 말하며, 면접 날짜와 시간을 정했다.

성원이가 다니던 학교는 개교한지 10년이 조금 넘는 학교로 '○○여자상업고등학교'에서 '○○여자정보산업고등학교'로 이름이 바뀌었고, 현재 애니메이션과, 멀티미디어과, 사이버정보통신과, 시각디자인과가 있다보니 학교명칭을 새로이 바꿀려고 학생들과 교사들에게 이름 공모를 하고 있다고 한다.

성원이의 담임교사는 성원이와 관련된 이야기 외에도 요즘의 아이들의 학교생활, 지금까지의 교직생활 중에 겪은 자퇴학생, 무단결석학생들의 이야기를 덧붙였다. 그리고 연구자와 면접을 진행하는 과정에서 학기 초 성원이가 작성했던 가정환경조사서를 꺼내 보여 주고, 교사수첩에 기록한 학생생활기록을 꺼내 보며 연구자의 질문에 대답을 했다.

성원이의 담임교사가 보는 성원이의 학교중도탈락은 다른 아이들과는 다른 케이스였다. 학교에서 말썽을 피우지도 않았고, 결석이나 지각도 없었다. 실업계 고등학교에 입학하는 학생들이 성적이 좋은 것은 아니지만 성원이가 학교를 자퇴하기 전 치룬 중간고사 성적은 '21등'이었고, 학교 내 친구들과도 원만한 관계를 맺고 있었다. 그러나 만화에 성공하고자 하는 뜻이 확고했던 성원이는 중간고사가 끝난 5월에 담임교사를 찾아와서 자퇴를 하고 싶다는 의사를 밝혔다.

담임선생님이 기억하는 성원이는 학기 초부터 창가에 앉았다. 어느 순간 성원이는 쉬는 시간이나 점심시간에 책상에 엎드려 자고 있었고, 수업시간에는 무관심한 표정, 지친 표정으로 선생님을 응시했다.

성원이가 담임선생님을 찾아와 자퇴의사를 밝히고, 성원이는 담임교사, 상담교사, 교감선생님과 면담을 하고, 담임선생님은 성원이 어머니와 면담을 했다. 성원이는 자퇴의사를 밝히고 나서 이틀을 무단결석을 했다. 담임교사가 결석 이유를 묻자, 성원이는 자퇴 결정하고 나서 마음이 무거워서 그랬다고 했다.

성원이의 확고한 의지와 자심감에 대해 담임교사는 '다른 아이들과는 다르구나. 그래도 의식이 있구나'라는 생각을 가졌으며, '~도 하고 싶어요'라고 이야기하는 성원이를 보며 다행이라는 생각을 가졌다. 상담선생님, 교감선생님과 차례로 면담을 한 성원이는 '원체 뜻이 확고해서' 결국 교감선생님도 성원이의 뜻대로 하게 두셨다. 교감선생님은 "그래도 넌 다르구나. 성공하길 빈다"고 성원이를 격려해 주었다.

실제 우리나라 학교에서의 교육내용은 졸업 후의 직업역할이 서로 연결되어 있지 못한 것은 사실이다. 그렇기 때문에 청소년들은 직업역할과 관련된 실제 활동을 수행하거나 탐색하고 검증할 기회를 갖지 못하고 학교를 졸업한다. 이러한 현실 속에서 성원이는 자신의 적성과 흥미대로 실업계 고등학교 '애니메이션과'에 진학하였지만, 실제 학교에서의 수업은 성원이를 만족시키지 못하였기 때문에, 자신의 적성을 발휘하기 위해서 학교를 그만두기로 결심하고, 자퇴를 선택하는 상황에 직면하게 된 것이다.

한편 성원이가 자퇴한 후 학급에서 친했던 '은희'라는 아이가 찾아와서 자기도 자퇴를 하겠다고 했다. 성원이의 담임교사는 은희가 '학교 다니는 게 의미가 없어요'라고 자퇴하겠다는 데에는 무엇보다도 성원이의 영향이 컸다고 한다. 성원이는 다른 아이들과 달리 자신이 하고 싶은 것을 하겠다고 학교를 그만 두었기 때문에, 아이들의 동요가 있었고, 교사는 학급 내의 변화에 민감하게 관찰하게 되었다. 은희도 성원이와 같은 써클이었기 때문에 담임교사는 써클의 선배들과 이야기를 하려 했었고, 이 사실을 알게 된 은희가 그냥 학교에 다니겠다고 해서 일이 무마되었다고 한다.

청소년기의 또래집단은 청소년의 의사결정에 영향을 주고 행동모델의 기능을 한다. 또한 청소년기의 동조성(confirmity)이라는 발달적 특성에 의해 성원이의 자퇴는 학급 친구들의 태도와 행동에 영향을 미쳤다. 학교수업은 의미 없는 것으로 여기는 성원이의 생각과 성원이의 자유스러운 복장 상태에 대한 부러움은 학교를 다니는 청소년들의 생각과 욕구에 일치하여 성원이를 지지하고 수용한 반면, 어려운 형편에도 학교를 다니고 있고, 교복을 입기 때문에 자유스럽게 치장을 하지 못하는 학생들의 생활과 거리가 먼 성원이의 행동과 태도는 학급 친구들에게 거부당하는 요인으로 작용한 것으로 볼 수 있다.

연구자: 얼마 전에 성원이가 학교에 왔다가 친구들이랑 싸웠다고 하더군요. 자퇴하고 두 번째 학교에 들렀는데, 지난번에 싸운 일로 다시는 학교에 가지 말아야겠는다는 얘길 했습니다. 그때 어떤 일이 있었는지 알고 계신지요?

성원이의 담임: 성원이가 다녀간 다음날 아이들과 선생님들에게 얘기를 들었어요. 자퇴하고 얼마 안 있어서 6월쯤엔가 학교에 왔었어요. 반가웠죠. 어떻게 지내는지 얘기도 하고 그랬어요. 교무실로 (윤성이가) 찾아왔거든요. 근데

성원이가 자퇴하고 나서 머리도 염색하고 그랬거든요. 걔가 학교에 나타났을 때의 옷차림이며, 머리며 애들은 부러워했죠. (학급의) 반 정도는 그게 부럽고, 반 정도는 '학교 그만두니까 머리도, 옷도 그지 같이 다니는구나' 하며 생각하는 애들도 있구요. 그래서 두 번째에 왔을 때는 시비가 붙었던 것 같아요. '학교도 안 다니는 게 뭣 땜에 오냐, 옷차림이며, 머린 그게 뭐냐, 학교도 안 다니니까 그 꼴로 다니는구나. 지멋대로 하고 ……' 이런 생각을 하는 아이들과 싸움이 난 것 같아요. 같이 싸운 아이도 결손가정에 아버지랑 살면서 아르바이트하면서 학교 다니거든요. 근데 성원이를 보니까 꼴사납게 보였나봐요. 걔네들이 싸우는지 선생님들도 몰랐어요. 구석진 빈 교실에서 그랬거든요. 전 교무실에서 성원이가 내려오려니 하고 기다리고 있었고요. 아이들한테 학교에 왔다는 얘긴 들었으니까요. 암튼 그날 치고 박고 싸웠는데, 나중에서야 옆의 반 선생님이 가서 말리셨고, 성원이는 먼저 학교를 나갔다고 하더군요. 저도 안보고 그냥 그래서 간 것 같아요(6-15).

연구자: 성원이의 자퇴가 학급의 다른 아이들에게 많은 영향을 끼쳤나 보군요. 아이들의 반응도 양분되고요 …… 성원이가 학교를 방문하는 것에 대해서 선생님은 어떻게 생각하시는지요?

성원이의 담임: 어려운 상황에도 되게 꿋꿋한 애들도 많아요. 저희 반의 어떤 아이는 중학교 때 부모님이 이혼하고, 가정형편이 어려운데, 아르바이트해서 번 돈 16만 원으로 (세탁) 세제 사고, 아버지 속옷 살 계획 세우며 흐뭇해요. 그 아이는 성원이더러 '너, 학교 왜 왔냐?'고 했대요. 그 아이가 성원이랑 싸운 애거든요. 성원이 자퇴의

파급효과는 컸어요. 성원이가 사복입고, 자유로운 복장으로 학교에 오면, 가뜩이나 (성원이가) 자퇴할 때 흔들린 애도 있기 때문에, '애가 오면 또 애들이 흔들리지 않을지' 하는 생각에 두 번째 학교에 왔을 때는 교무실로 그냥 내려온 거예요. 성원이 왔다는 소릴 듣고도요. 1학기 때 처음 자퇴하고 왔을 때는 만나서 얘기도 하고 했거든요(6-16).

이상에서 볼 때, 성원이는 '컴퓨터애니메이션'에 관심을 갖고 실업계 고등학교에 진학하였지만, 고등학교에서의 학교수업이 중학교 때나 인문계 고등학교를 다니는 친구들과 비교했을 때 별다른 차이가 없는 교과목 위주의 수업이었다. 결국 선택한 전공의 특성이 반영되지 않았고, 자신의 필요나 적성에 따라 교과를 선택할 수도 없었던 획일적인 수업내용에 대해 거부감을 갖게 된 성원이는 자퇴를 선택함으로써 자발적으로 학교를 중도탈락하는 상황을 초래했다. 성원이의 자퇴는 그의 친구들이 학교수업을 불만족스럽게 여기고, 학교에 대해 부정적인 태도를 가지게 되고, 성원이의 태도에 동조하여 자퇴를 결심하게 하는 등 학교를 다니는 친구들을 동요시켰다. 그러나 교사는 성원이와 같은 학교중도탈락을 지지할 수 없는 입장이다. 성원이의 자퇴로 인한 아이들의 동요를 염려하며, 더 이상 아이들이 학교를 그만두지 않도록 지도하는 데에 주력한다. 성원이가 자신의 진로를 나름대로 계획하며, 소신을 밝히는 것에 대해서는 지지해 주지만, 그러나 학교 밖의 현실에 대해서 성원이의 적응을 염려할 뿐, 성원이의 담임교사는 더 이상 성원이의 선생님이 아닌 과거의 선생님이며, 남아있는 학급 학생들의 현재의 선생님인 것이다.

4) 위축된 부모

성원이의 아버지는 조그만 사업을 하고 계시고, 엄마는 현재 집에 계신다. 원래 식당에서 일을 하셨는데, 요즘 다시 일자리를 알아보고 계신다고 한다.

연구자는 성원이 어머니를 면접하기 위해서 3차례에 걸쳐 성원이를 통해 어머니의 면접의사를 물었으나 성원이의 어머니는 한사코 거절하였다. 성원이는 집에 돌아가서 어머니를 설득해 본다고 하였고, 가능할거라는 이야기를 했었다.

연구자의 휴대폰에 성원이가 문자메시지를 남겼다.

성원: '샘, 암만해도 엄마는 안 되겠네요. 협조를 안 해주네요. 죄송해서 어쩌죠? ∧∧'

이후에도 연구자는 성원이 어머니와의 전화면접을 시도했으나, 성원이의 어머니께서는 전화통화를 거절하셨다.

성원이의 부모님은 성원이의 학교중도탈락은 마음의 상처였고, 그것을 내색하지 못하고 있다. 성원이의 아버지는 성원이에게 다시 학교 복학할 것을 권유하시고, 어머니는 표현을 안 하시지만 성원이가 복학하면 기뻐하실 것 같다.

성원이의 부모님이 성원이에게 바라는 것은 '성원이의 꿈, 하고 싶은 것 할려고 열심히 노력하는 것'이다. 자퇴 후 엄마랑 자주 싸웠지만 지금은 예전하고 똑같이 대해준다고 한다. 자퇴 이전의 성원이의 부모님은 성원이에 대해 '성적에 대한 기대는 없지만, 인간에 대한 기대는 많으신 분들'이었다. 자퇴 후 어머니는 성원이에게 "만화가가 되겠다는 애가 빌려 읽고 그러는 것보다는 집에다 두고 봐라 …… 그것도 공부가 되니까 ……"라며

'Full House' 전집을 사다주셨다. 성원이의 자퇴에 대해서는 되도록 말씀을 하길 꺼려하시며, 성원이에게 내색을 하지 않으신다.

성원이의 자퇴는 전적으로 성원이 자신의 의사로 결정되었다. 성원이는 독립적인 성향의 아이다. 되도록 부모님을 의지하지 않으려 하고, 혼자 충분히 생각하고 결정하려 한다. 청소년들의 신체 성장은 부모의 물리적 처벌이나 통제를 불가능하게 만들고 가정 내에서 청소년의 발언권을 증가시킨다. 그 결과 부모의 권위는 도전을 받고 부모가 행사해 온 지도방식이나 통제방식을 수정해야 하는 상황이 초래된다. 부모는 여러 해 동안 사용해 온 자녀양육방식을 포기하고 청소년 자녀와의 새로운 상호작용방식을 확립해야 하기 때문에 어려움을 겪는다. 성원이의 어머니는 성원이의 자퇴결정을 반대할 때에 예상되는 성원이의 반항이 두려웠고, 성원이의 선택을 따라 줌으로써 성원이와 부모와의 갈등과 대립을 줄였다. 성원이가 자퇴를 한 지금도 다른 사람이 수군거리는 것도 싫고, 이는 성원이의 자퇴에 대해 실패자, 부적응자로 여기는 것이다. 그러므로 심리적으로 위축되어 있다.

성　원: 엄마는 아직도 많이 속상해 하세요. 챙피해 하죠. 겉으로는 아무렇지 않은 척 하시지만 …… 별 말씀 안하세요. 제가 신경 쓸까봐 ……(4-42-3)

진　희: 성원이한테 전에 들은 얘긴데, 엄마랑 성원이가 어디 갈려고 길을 가는데 동네아줌마들이 뒤에서 수군거렸대요 (5-32-1). '쟤, 학교 안다닌다며?' 뭐 그런 말들 있잖아요. 남말 하기 좋아하고 …… 왜 안다니는지도 모르면서 무슨 문제나 있어서 그런 것처럼 …… 그리고 성원이가 학교 그만두고 머리도 염색하고 그러고 다니니까 무슨 문제아로 봤나봐요. 잘 알지도 못하면서 …… (5-32-2) (성원이랑 엄마가) 어디 가는 길이었는데, 그냥

집으로 다시 들어왔대요. 가지도 않고 …… 집에 돌아
와서 엄마가 막 우셨대요. 한참 동안 ……(5-32-4) 성원
이는 자기가 하고 싶어서 한 자퇴인데, 아무것도 모르
는 사람들이 그랬다고 속상해 했어요(5-32-5).

성원이의 담임교사: 성원이 어머니와 면담할 때, 벌써 교무실에
들어서시는데, 안타까움이 얼굴에 써있었어요. 말씀도
별로 안하시고 …… 다른 것보다 그냥 학교에 다니게
했을 때 성원이가 반항할까봐, 그게 제일 무섭다고 하
셨어요. 나중에라도 지가 후회하면 복학시키겠다면서
…… 계속 우셨죠. 주변 사람들의 시선이 신경 쓰이셨
겠죠. 부모님도 그게 싫었을 거예요(6-6).

성원이 어머니는 아직도 성원이의 선택을 못 받아들이실 거예
요. 그래도 다른 부모님들보다는 자녀의 선택을 따라
주었죠. 존중해줬죠 …… 당시에 어머니도, 성원이도 표
정이 어두웠어요(6-7).

이상에서 부모님의 태도는 성원이에 대한 애정과 관심은 있으
나 자녀의 행동통제나 권력사용이 적은 허용적인 부모의 양육태
도에 기인한 것으로 해석할 수 있다. 성원이 부모님의 허용적인
양육태도는 성원이의 자퇴결정에 있어서 자녀의 요구를 들어주는
것으로 부모－자녀 간의 갈등을 최소화시켰다. 그러나 성원이가
학교를 때려치는 과정에서 성원이의 부모들도 상처를 받고, 심리
적인 위축을 경험하였다. 또한 성원이의 부모는 학교라는 통로를
근간으로 하는 교육, 학교 존재의 필연성에 가치를 부여하고 있다.
그렇기 때문에 성원이에게 강요하지는 않지만, 자녀의 복학을 기대
하고 있다. 즉 성원이의 부모 또한 학교중도탈락 자녀에 대한 부정
적인 시각을 극복하지 못하고, 자신 있게 자녀의 학교중도탈락 사
실을 밝히지 못하는 심리적으로 위축된 상태에 놓여있는 것이다.

Ⅴ. '짤린 아이'와 '때려친 아이'의
생활문화와 복지적 함의

본 장은 학교중도탈락 청소년의 생활과 행동을 지배하는 숨겨진 구조를 밝히고 그들의 삶 속에 내재된 문화에 대한 심층적인 해석을 하고자 한다. 즉 학교중도탈락 청소년의 학교중도탈락 이전과 이후의 생활세계에서 보여지는 심리문화적 기제인 '그냥'을 해석함으로써 학교중도탈락 청소년을 위한 사회복지실천의 함의를 모색하고자 한다.

1. '짤린 아이'와 '때려친 아이'의 생활세계: 소외와 '그냥'

본 장에서는 '짤린 아이'와 '때려친 아이'의 생활세계를 지배하는 숨겨진 구조를 자기통제력과 사회적 지지망의 차원에서 설명하고자 한다. 즉 '짤린 아이'와 '때려친 아이'의 생활세계에서 나타나는 자기통제력 부족의 다른 양상과 사회적 지지망의 부재는 '짤린 아이'와 '때려친 아이'의 '소외'를 의미하며, 이들의 언어적 습관 '그냥'에 내포되어 있는 본질은 '소외'로 해석하고자 한다.

1) 자기통제력의 이면

학교를 '짤린 아이'와 '때려친 아이'의 생활세계에서 공통적으로 보여지는 것은 자기통제력의 부족이다. 그러나 이 자기통제력의 부족은 '짤린 아이'와 '때려친 아이'에게서 다른 양상으로 나타난다.

'짤린 아이' 우진이는 놀러 다니다 보니 학교를 안가는 날이 많았지만, 학교를 그만 둘 생각은 없었으며, 학교에서의 우진이는 결석이 많아 야단을 맞는 정도였을 뿐, 우진이는 장기무단결석의 결과를 예측하지 못하였다. 고집이 세고 자기가 하고 싶은 것은 하고야 마는 우진이는 친구들과의 무절제한 생활로 인해 결석하는 날이 많아질 수밖에 없었고, 그리고 무단결석으로 인해 학교를 짤린다는 것은 생각하지도 못하였다. 학교를 가지 않고 그냥 돌아다니며 놀러 다닌 우진이는 학교를 가야겠다 생각했다가도 다음날 되면 '귀찮아 내일 가자'며 또 결석을 하는 것이 반복된 것이었다.

연구자: 학교 그만두기 전에 평상시에 주로 무엇을 하며 지냈니? 평일과 주말에 주로 한 일이 뭐니?

우　진: (학교를 가지 않고) 놀았어요. 걍(그냥) 싸돌아 당겼어요. 동네 어슬렁어슬렁 다니는 거죠(1-10).

연구자: 어디를 주로 다녔는데 ……

우　진: 여자 꼬시러 다녔어요(1-11-1).

연구자: 어디로 가서?

우　진: 사방팔방으로 …… 여자만 있으면 되요. 길거리 지나가는 데 여자가 있죠, 그럼 거기서 꼬시고, 까페에 있으면 거기서 꼬시고 ……(1-11-2)

연구자: 다른 일은 안했니? 구체적으로 어디를 가서 무엇을 했는지 얘기해줄래?

우　진: 오락실 가서 담배피고, 친구와 만화도 보고, 비디오도 보고, 과자 먹으며 인생 얘기나 하고요(1-12).

연구자: (친구들이랑 놀면서 밤에는) 어떤 일을 했었지?

우　진: 도둑질도 하고, (지나가는 애들) 삥도 뜯고 …… 한 달에
　　　　1000만 원 이상도 벌었어요(1-45-2).
연구자: 1000만 원을? 도둑질해서? 뭘 훔쳤는데 ……
우　진: 새벽에 한, 두 시간 노력하면 하루에 3, 40만 원은 써요.
　　　　자판기 뜯고, 슈퍼 털고 ……(1-45-3)
연구자: 주인이 없을 때 그랬겠구나?
우　진: 아뇨. 주인 있을 때는 갖고 날라요. 밖에 오토바이타고 한
　　　　명 있으면, 그게 더 쉬워요(1-45-4).
연구자: 집도 털었니?
우　진: 집털이는 옛날에 졸업했죠(1-45-5).

　우진이는 학교를 그만두기 전 절도, 가출과 같은 문제행동을
지속하고, 학교에 출석하지 않으면서도 학교는 계속 다니고 싶
어 했다. 즉 '짤린 아이'는 자유롭게 생활을 하되 이성적이고 의
식적인 차원에서 자신의 생활을 통제하지 못하였다. 결국에는
학교에서 짤리게 되는 상황에 이르게 되었다.
　'때려친 아이' 성원이는 만화가가 되고 싶은데, 학교에서 배우
는 것들이 '의미가 없고, 얻는 것도 없고, 시간 낭비'라고 생각하
여 자퇴를 결심하였다. 성원이는 하고 싶은 일이 확고해서 그
일에 몰두하기 위하여 자퇴를 해야겠다는 의지와 동기가 강하
였지만, 자퇴 후의 생활에 대한 세밀한 통찰력이 부족하였던 것
이다. 이러한 이야기를 해주는 선생님들이 오히려 짜증이 나고
빨리 학교에서 벗어나고픈 생각밖에 하지 못하였던 것이다.

연구자: 학교를 그만 둘 당시의 심정은 어땠니?
성　원: 당시 심정은 …… 빨리 가고픈 (학교에서 나오고 싶은) 심
　　　　정밖에는 없었어요. 똑같은 일만 되풀이 하는 선생님들
　　　　이 짜증났어요(4-14-1).

연구자: 선생님들이 뭘 하셨는데?

성　　원: 담임하고 면담하고, 상담실 선생님하고도 면담하고, 교감
　　　　　선생님하고도 면담하고 …… 선생님들한테 돌아다니면
　　　　　서 계속 똑같은 이야기만 하고 ……(4-14-2)

성원이는 자퇴를 해야 할지 말아야 할지 갈등을 하기도 했으나, 답답한 학교에서 어서 빨리 벗어나고 싶은 마음뿐이었다. 성원이는 자퇴 후의 생활에 대한 사려 깊은 통찰보다는 자퇴를 해야겠다는 의지가 강해 선생님들의 조언이 짜증스러웠다. 이러한 결정 과정에서 교사, 부모와의 관계가 단절됨으로써 자퇴 외의 다른 대안을 모색하고, 객관적인 선택을 하여 계획적인 행동통제를 하지 않은 채 결국에는 학교를 그만두는 상황에 이르게 되었다.

이상에서 보는 바와 같이 '짤린 아이' 우진이와 '때려친 아이' 성원이는 구속받기 싫어하고, 자신의 의지를 굽히기 싫어하는 이들의 자유와 독립에 대한 욕구가 학교중도탈락이라는 것으로 표출되었다. 우진이에게 보이는 자기통제력의 부족은 내적 충동과 욕망을 의식적인 차원에서 조절하지 못한데서 기인한 반면, 성원이에게 보이는 자기통제력의 부족은 자퇴 후의 생활에 대한 통찰력의 부족과 계획적인 행동통제를 못한 데서 기인한다고 볼 수 있다.

2) 지지망의 부재

청소년기의 독립에 대한 욕구는 부모의 보호에 대한 의존과 갈등을 느끼면서 차츰 부모로부터 독립해 간다. 그리고 부모는 이러한 자녀들의 독립을 견제하며 권위를 행사해서 자녀들을

보호하고 다루려고 한다. 독립과 보호의 갈등을 통해 청소년들은 부모로부터 더욱 분리되어 독립적이고 자율적인 사람으로 성장해 가는 것이다. 그러나 '짤린 아이' 우진이와 '때려친 아이' 성원이는 그들의 독립과 자유에 대한 욕구에 보호의 역할이 결여되었다. '짤린 아이' 우진이의 어머니는 '나쁘게만 안 되면 되고, 알아서 하라'고 하시고, '때려친 아이' 성원이의 부모님은 관심은 갖지만, 아버지는 사업에 전념하시고, 어머니는 성원이의 의사를 전적으로 따를 뿐이다.

우진: (집털이, 자판기 뜯기 등) 집에서는 몰라요. 경찰한테 걸렸어도 부모님 안 불러요. 합의 볼 때만 불러요(1-45-6). (엄마는 여지껏 경찰서에) 딱 한번 왔어요. 제가 알아서 처리해요. 무죄를 입증하는 거죠(1-45-7).

성원: (엄마는) 복학하라고는 안하세요. 그렇지만 (복학한다고 하면) 기뻐하시겠죠. 그렇지만 내가 학교 가고 싶어 하지 않으니까 암말 안하세요. 자퇴할 때도 그랬고 ……(4-63). (엄마는) 거의 (제) 생각을 이해 못하지만 이해해 줄려고 하죠. 얘기 들어주고 '그랬냐'며 ……(4-74-3)

자녀의 행동과 태도에 대해서 '짤린 아이'의 어머니는 무관심하고, 방치하는 방임적인 양육태도는 가족 간의 유대를 단절시켰으며, 이는 우진이에게 가족 안에서의 지지자원을 얻지 못하게 하였다. 그로 인해 우진이는 무단결석을 반복하게 되고, 결국에는 학교적응을 악화시켜 학교중도탈락에 이르는 결과를 초래하게 되었다. '때려친 아이'의 부모는 애정과 관심은 갖지만, 허용적인 양육태도로 인하여 학교를 그만두겠다는 자녀의 의사결정에 대해 적절히 관여하지 못하고, 자퇴 의사결정에서 배제됨으로써 부모로서의 권위의 무력함을 보였다.

또한 '짤린 아이' 우진이의 담임교사는 우진이의 자유로운 성향이 학교라는 조직에 잘 적응하지 못하게 하였지만, 우진이가 겪는 내적인 문제, 학교 내 친구관계, 학교 밖의 생활 등에 대해서는 알지 못하였다. 학교 안에서의 우진이는 고립된 학생이었고, 교사와 친구들과는 상호작용이 없었으며, 교사로부터 관심을 받지 못하는 학생이었던 것이다. '때려친 아이' 성원이 담임교사가 보는 성원이의 학교중도탈락은 자신의 진로에 대한 소신을 가지고 적극적인 진로개척을 위한 표출이었지만, 그로 인해 학교에 남아있는 아이들의 동요를 우려하고 있다. '짤린 아이'와 '때려친 아이'의 담임교사들은 이들의 학교중도탈락에 대해서 학교 밖의 현실에 대한 통찰력의 부족을 지적하였고, 자퇴 후의 사회적응에 대한 염려를 나타냈다. 그러나 그것은 '짤린 아이'와 '때려친 아이'가 학교를 떠난 후의 생각이었으며, 더 이상 학교가 그들에 대한 책임을 지지 않게 되는 단계에서 우려하는 것일 뿐이다.

우진이의 담임: 학교를 그만두는 것도 문제지만 대안이 없는 것 그게 문제죠. 하고 싶은 것도 없고, 학교자체에 적응도 못하고 …… (학교를) 그만두니까 그게 더 문제죠. 뭐 할 것도 없으면서 틀에 박힌 것은 싫고, 학교에는 적응도 못하고 …… 그게 문제죠. (우진이에 대해선) 몰라요, 생각 없어요(3-37-1).
(미래, 진로) 설계를 잘 못해요. 글쎄요 ……(3-37-2)

성원이의 담임: 고생길 얘기를 해도 꺽을 수가 없었어요. 만화가가 되는 것이 싶지도 않고, 만화가로 성공한 후에도 학력문제, 월급, 승진 뭐 이런 문제들이 뒤따를 테고,

결혼할 때 남자부모가 고등학교도 나오지 않았냐고 하면
어떻하냐고 …… 2학년 때는 실기 수업도 많이 할 거라
고 …… 그래도 말을 안 듣더군요. 학교졸업하고, 대학을
애니메이션 전공으로 갈 수도 있고, 그리고 지금보단 보
수 좋고, 안정된 직장생활도 할 수 있는데 …… 그 어린
놈이 고생 막심할 텐데 …… 정말 많이 말렸어요. 공부
도 싫고, 무단결석하는 애보다 는 '그래, 괜찮은 애구나'
하는 생각도 잠시 했죠. 안타깝지만 ……(6-4)

부모의 자녀에 대한 보호의 결여와 교사가 학생의 학교 밖의
생활을 알지 못하고, 교사에게 자신의 내적인 갈등과 문제를 이
야기하지 않은 것은 '짤린 아이'와 '때려친 아이'가 부모와 교사
에게 가지고 있는 인간관계의 거리감을 의미한다. 부모와 교사
의 무관심은 '짤린 아이'와 '때려친 아이'가 가정, 학교와의 유대
가 단절되고, 고립되게 하는 것이다. 이와 같은 유대의 단절과
고립은 '짤린 아이'와 '때려친 아이'가 과거와 현재의 자기 자신
과 그 개인을 둘러싼 환경, 즉 가정, 또래관계, 학교에 대한 이
해를 깊게 하고, 이러한 전체적 이해를 바탕으로, 사건위주나 충
동적 회피, 도피적 결정이 아닌, 합리적이고 심사숙고하는 결정
을 통해서 학교중도탈락을 결정하지 못하게 하였다. 또한 이들
은 자기결정과 선택에 의해 미래 삶을 설계해보도록 하는 기회
를 갖지 못하였다.

뿐만 아니라, '짤린 아이'가 복학에 대한 기대가 좌절된 후 막
연하게 '학교는 다시 다닐 수 있다'고 생각하고, 복학이 안 될
경우 검정고시 준비 계획을 세우는 것은 우리나라의 교육은 그
통로자체가 학교교육에 국한되어 있음을 의미한다. 즉 학교 이
외의 다양한 교육현장에서 자신의 진로를 개척할 수 있는 기회
를 제공받지 못하고 있음을 보여준다. '때려친 아이' 또한 학교

중도탈락 이후 생활은 아르바이트를 찾으며 지내고 있는데, 만화가 문하생, 주유소 주유원으로의 아르바이트 경험을 가지고 있다. 즉 학교를 중도탈락한 이후의 생활에서 용돈 충당, 집에서 눈치를 안볼 수 있는 현실적인 어려움을 해결하고자 하는 방향으로 아르바이트를 물색하는 방향을 선회하였다. 그래서 돈을 모은 뒤에 만화학원을 다니고, 검정고시학원을 다니는 것으로 계획을 수정하였다. 이는 '짤린 아이'와 '때려친 아이'가 자신들의 진로를 탐색하고, 교육을 받고, 안정된 취업을 할 수 있는 사회적 지지망의 부재에서 기인한다.

즉 '짤린 아이'와 '때려친 아이'는 학교중도탈락 이전이나 이후에도 사회적 지지망으로부터 거리를 두고, 분리되어 있었으며, 고립되었던 것이다. 이와 같은 사회적 지지망의 부재로 인하여 '짤린 아이'와 '때려친 아이'의 생활세계가 소외되어 있음을 의미한다.

3) 표현은 '그냥', 본질은 '소외'

학교중도탈락 청소년들은 과거, 현재의 생활세계에서 사회적 지지망으로부터 소외되었기 때문에, 그들이 놓인 상황을 보여주는 것이 '그냥'이란 표현이다.

'짤린 아이'와 '때려친 아이'의 학교중도탈락의 계기와 동기가 자발적이었던, 비자발적이었던 간에 이들은 학교중도탈락의 문제를 예견하거나 의논하는 데에서 부모, 교사 등과 거리를 두고 있었으며, 그렇기 때문에 우진이는 학교를 안가고 놀다 보니 자퇴를 해야 하는 상황에 이르렀고, 성원이는 스스로 결정하고 부모와 교사에게 자퇴의사를 표현했던 것이다. 그들이 원하던, 원하지 않았던 사회적 지지망으로부터 소외된 '짤린 아이'와 '때려친 아이’는 그들의 무기력함을 표현하는 데 있어, 표현은 ‘그냥’이고 그 본질은 ‘소외’인 것이다.

‘짤린 아이’와 ‘때려친 아이’가 언어적 습관처럼 사용하는 ‘그냥’이란 말에는 ‘소외’가 내포되어 있다. ‘그냥’은 인간관계의 소외 또는 고립, 사회적 결속감의 결여, 사회적 지지망으로부터의 분리를 의미하며, 학교중도탈락 이전, 이후의 생활과 구체적인 계획에 대해서 자세히 생각하지 못한 것은 자기통제력의 부족이고, 그들이 처한 위기상황에서 도움을 받거나 의논할 사람이 없었다는 것은 소외를 뜻한다. 따라서 학교중도탈락 이후의 삶에 대한 현실을 예측하지 못하였던 것이다.

즉 부모, 교사와의 결속력 약화 및 유대관계의 단절과 고립은 ‘짤린 아이’와 ‘때려친 아이’가 과거와 현재의 자기 자신과 그 개인을 둘러싼 환경, 즉 가정, 또래관계, 학교에 대한 이해를 깊게 하고, 이러한 전체적 이해를 바탕으로, 사건위주나 충동적 회피, 도피적 결정이 아닌, 합리적이고 심사숙고하는 결정을 통해서 학교중도탈락을 결정하지 못하게 하였다. 또한 이들은 자기결정과 선택에 의해 미래 삶을 설계해보도록 하는 기회를 갖지 못하였다. 다시 말하면 ‘짤린 아이’와 ‘때려친 아이’는 부모와 교사의 지지자원으로부터 소외되었기 때문에, 학교중도탈락 이전과 이후에 대해서 통찰력 있는 행동통제를 하지 못하게 된 것이다.

연구자: 결석은 왜 하게 된 거야?

우　진: 걍(그냥)요. 내일은 학교가야겠다 생각하고 다음날 되면, ‘귀찮아 내일 가자 ……’ 뭐 계속 그런 거죠. 그리고 학교 가다가 졸리면 집에 가서 자요(1-15-1).

연구자: (학교를 안가면) 어머니는 뭐라고 하셨니?

우　진: 예. 암말 안 해요. 저희 어머니 암말 안 해요. 제가 하는 데 뭐라 안 해요. 믿으니까 …… ‘왜 안가니?’ 하고 묻긴

112

하죠. 그럼 '기냥'이라고 하면, '알아서 해'라고 해요
(1-18).

성   원: 자퇴하기 며칠 전에 이틀 동안 학교를 안 갔어요. 그냥
요 …… 막상 학교를 그만두겠다고 말하고 나니까 마음
이 무겁더라구요. 그래서 그냥 갈 데도 없고, 할 것도
없고 해서 지하철을 탔어요. 지하철을 타고 몇 번씩 왔
다 갔다 했죠 …… 지하철타고 왔다 갔다 하면서 자퇴
하고서 할 일들에 대한 계획을 짰어요. 진짜 그때 고민
많이 했는데 …… 계획도 많이 짜고 ……(4-4-1).

또한 학교중도탈락 청소년인 '짤린 아이'와 '때려친 아이'는 그
들의 일생에 있어서 지속적으로 다양한 형태의 도움을 제공해주
는 사회적 지지망이 열악하다. 이들은 학교를 통한 동창관계의 형
성에 있어서 어려움을 겪게 되며, 사회적 자원으로서의 선배, 교
사, 지도자들과의 관계도 결핍되게 된다. 따라서 혼자 결정하고
스스로 선택하는 것은 미래의 계획에도 이어지며 과거에도 현재
에도 미래의 삶의 예측에도 이들은 소외되어 있는 것이다.

성원: 학교는 사회의 기초라고 하던가요 …… 뭐 그런 거 있잖
아요. 인간관계에 관해서 …… 음 …… 그런 걸로 봤을
때 조금은 도움이 되는 것 같아요. 친구가 있어서 좋은
것 같아요. 그곳에서 당연하게 만나서 즐겁게 이야기 하
고 때론 고민도 쉽게 쉽게 이야기 하면서 즐겁게 보내고
…… 음 …… 그리고 무언가 배운다 …… 라는 것도 좋은
것 같구요. 단순히 교과서에 나와 있는 내용을 배우는 게
아니라 선생님들이 수업 중간 중간에 해주시는 이야기들
있잖아요. 생각해 보면 학교 다닐 때, 선생님들이 그런 이
야기를 해주시는 거 되게 재밌게 들었었는데 …… 그리고

또 …… 아이들과 이야기 할 때, 공통된 주제를 가지고 있다는 거 …… 어떤 특정한 선생님이면 선생님, 학교면 학교, 친구면 친구 막 흉도 보고 …… 오늘은 이랬어, 저랬어 하면서 이야기할 수 있잖아요. 그 밖에 …… 축제라던가 …… 소풍이라던가 …… 수학여행 같은 거 …… 생각해보면 학교 다닐 때는 귀찮기만 했는데 지금은 쪼끔(조금) 가고 싶고 그래요(4-75).

즉 '짤린 아이'와 '때려친 아이'의 자기통제력의 부족을 보여주는 표현은 '그냥'이고, '그냥'의 내면은 '소외'로써 사회적 지지망으로부터 분리됨을 보여준다.

이상에서 볼 때, 청소년복지의 실천적 접근은 예방적 차원의 함의를 줄 수 있다. 학교중도탈락 청소년이 학교중도탈락 이전과 이후의 구체적이고 실제적인 삶의 현장에서 보여지는 심리적 기제, 가치, 신념, 적응전략, 사회적 지지망 등을 파악함으로써, 학교중도탈락 청소년들이 사회자원을 활용할 수 있도록 돕고, 자기 자신의 적응능력 및 대처능력을 높일 수 있도록 도와야 한다. 그러므로 학교중도탈락 청소년을 위한 복지실천은 학교중도탈락의 복잡하고 다변적인 체계와의 상호 관계에 관심을 두어, 사회적 기능수행(social functioning) 향상 즉 청소년이 학교중도탈락의 위험을 극복할 수 있도록 가정·학교·지역사회의 환경적 여건을 개선하는 것이라고 할 수 있다.

즉 학교중도탈락 청소년을 위한 복지는 독립과 자유의 욕구라는 청소년의 발달적 특성과 사회적 지지망이라는 환경적 특성을 고려해야 한다. 즉 복지의 접근방식은 학교중도탈락 이전 청소년의 학교적응을 돕고, 학교중도탈락 이후 안정된 직업, 진학을 선택하여, 자신의 진로를 개척할 수 있도록 도와야 한다. 다른 한편으로는 청소년의 가정환경에서 오는 제반문제, 학교부적응을 야기하는 학교관련 문제, 청소년 개인의 심리적인 문제, 청소년의 문제행동에 영향을 주는 학교 밖의 또래집단 존재여부 및 지역사회내의 유해환경 등을 파악하여, 청소년의 학교중도탈락 문제가 어떤 영역에 해당하는지를 평가하여 개입전략을 수립해야 한다.

2. '짤린 아이'와 '때려친 아이'의 생활세계: 불확실과 '그냥'

본 장에서는 '짤린 아이'와 '때려친 아이'의 학교중도탈락 이후의 생활세계를 지배하는 구조를 청소년기의 자아정체감의 혼란, 독립적인 생활을 추구하는 개인성향과 사회적 지지망으로부터의 분리의 차원에서 해석하고자 한다. 이들의 언어적 표현 '그냥'에 내포되어 있는 본질은 개인적 특성과 환경적 특성의 맞물림으로 인한 '소외'가 '짤린 아이'와 '때려친 아이'의 생활세계에서 대안 없는 '불확실'로 드러나는 것으로 해석하고자 한다.

1) 심리사회적 유예

청소년기는 급격한 신체적·성적인 성숙으로 인해 내적으로 심리역동적인 통합과 균형을 유지할 필요가 있게 되면서 불가피하게 자아정체감의 문제가 심화된다. 뿐만 아니라 신체적·성적인 성숙은 내적인 불균형을 초래하는 것 외에 외적인 자극을 유발시킨다. 즉 가족이나 사회는 청소년들의 체격을 보고 외적인 성숙에 걸맞은 책임과 역할, 행동을 은연중에 요구하게 된다. 그러나 청소년들은 아직 경제적으로 독립할 수도 없고 부모님에게 의존하고 있는, 아이도 어른도 아닌 어정쩡한 입장에 있는 주변인(marginal man)이다. 이 시기에 가정과 사회가 청소년에게 주는 자극과 요구는 상당히 상충적이고 양가적이다. 사회는 청소년들이 사회적인 문제에 직접적으로 관여하고 참여하는 데에 제약을 가하는 한편, 가정과 사회는 청소년들이 가정이나 사회문제에 관심을 보이고 성인다운 책임과 역할을 수행하도록 자극한다. 이러한 모순된 상황에서 청소년들은 “내 위치는 어디인가?”, “과연 나는 어떻게 처신해야 할까?” 하는 역할규정의 문제로 고민하게 된다(장휘숙, 1996; 김애순·윤진, 1997).

　Erikson은 청소년기의 자아정체감 혼란을 심리사회적 위기라고 가정하였다. 자아정체감 혼란의 상태는 불확실의 느낌이나 자신의 대처능력에 대한 의심 및 자신에 대한 탐색에 기인된 자아의 불통합 상태로 정의하였다. 따라서 이 정체감 혼란은 과도기적 현상으로 심리적 문제가 아니라 발달적 어려움으로 해석된다(장휘숙, 1996; 김애순·윤진, 1997).

　청소년기의 주변인적 지위는 청소년들을 상충된 역할 요구에 직면하게 한다. ‘짤린 아이’ 우진이는 노래방에서 일을 하고 있고 성원이는 새로운 아르바이트를 찾고 있다. 우진이는 학교를 그만 둔 후 어머니와 이삿짐센터에서 같이 일을 하다가 동네 PC방을 거쳐서 지금의 노래방에서 일을 하고 있다. ‘때려친 아이’ 성원이는 자퇴 후 만화가 문하생으로 아르바이트를 했었고, 그 후 주유소에서 아르바이트를 했었다.

　학교를 ‘짤린 아이’와 ‘때려친 아이’들은 성인도 아니고, 학교에 속해 있지도 않기 때문에 일, 아르바이트라는 것을 통해 그들이 소속할 곳을 찾았고, 경제적으로 부모님에게 의존하지 않으려 한다. 그러나 그들이 학교 밖으로 나간 사회는 그들이 아르바이트나 일자리를 찾는 데에도 청소년보호연령규정, 외모차별, 성차별, 학교중도탈락 청소년에 대한 인식 등에 있어서 제한을 하고 있다. 결국 '짤린 아이' 우진이와 '때려친 아이' 성원이는 학생도 아닌 성인도 아닌 자신의 모호성에서 벗어나기 위해 노력을 하고 있다.

청소년기는 인생에서 중요한 선택과 결정을 해야 하는 시기이다. 앞으로 어떠한 직업을 가지며, 어떻게 살 것인가 하는 지금까지의 막연하고 느슨하게 미루어왔던 문제들이 이제 바로 눈앞에 다가오고 있다. 그러나 지금까지 쌓아온 경험과 지식, 그리고 자신에 대한 정보로는 자신 있게 확신을 가지고 어떤 판단을 내리고 결정하기에는 역부족이다. 현명한 선택과 결정을 하도록 자기이해력과 판단력이 갖추어지기 전에 이러한 상황에 놓인 청소년들은 자신에 대한 탐색작업을 시작해야 하고 자신이 처한 상황과 가능성을 점검해야 한다. 그러나 학교를 안 다니는, 그만 둔 청소년 즉 '짤린 아이', '때려친 아이'라는 모호한 사회적 지위는 학교 밖의 교육장면에서 다양한 교육의 기회를 가질 수 없는 현실에 처하게 되었다. '짤린 아이'와 '때려친 아이'가 하는 아르바이트는 노래방, PC방, 주유소 등에 국한되어 있으며, 이들 업종은 고용구조가 불안정한 곳이기 때문에 '짤린 아이'와 '때려친 아이'로 하여금 장기적인 진로개척을 하는 것을 어렵게 하고 있다.

그렇기 때문에 학교를 '짤린 아이'와 '때려친 아이'의 학교중도탈락 이후의 삶은 불확실하다. 앞으로 어떻게 살아야 하는지에 대한 계획도 없고 구체적인 실천도 없다. '짤린 아이' 우진이는 밤에 일하고, 낮에 자고, 다시 일하고, 자주 만나는 사람도 없이 그렇게 생활하고 있다. '때려친 아이' 성원이는 친구들은 학교에서 시간 때우고, 자신은 집에서 시간을 때우며 보내고 있다고 한다.

또한 '짤린 아이'와 '때려친 아이'의 학교중도탈락 이후 현재의 삶의 불확실성은 미래에 대한 예측에도 지속된다. 복학이나 검정고시에 대해서도 막연한 계획을 가지고 있을 뿐이고 대학진학을 희망하지만 확신하지는 못한다. 그 이후의 삶에 대해서도 추상적인 꿈을 가지고 있을 뿐이다. 우진이는 '결혼해서 아들, 딸 낳고 알콩달콩 사는 것'이 꿈이다. 그때쯤이면 대학을 나왔던 안나왔던 무슨 일이든 하고 있을 것이고, 일하고, 결혼하고, 아들딸 낳아 살면서 보통 시민으로 살아가지 않을까 예측해 본다. 성원이는 장래 희망이 만화가이지만 그 꿈을 이룰 수 있을지는 미지수라고 생각한다. 옛날에는 노력도 많이 하고 했지만 지금은 특별히 배우는 것도 없고 그냥 꿈만 꾸고 있을 뿐이라고 한다.

연구자: 앞으로 다른 데서라도 교육을 받거나, 뭘 배우거나 공부를 계속하기 원하니?

우　진: 검정고시나 볼려고요. 졸업장은 따야죠. 내년 4월에 (검정고시) 봐서 수능시험 보는 거죠(1-37).

연구자: 수능을 볼 생각을 하는 걸 보면 대학을 가고 싶은 것 같은데, 가고 싶은 학과나 특별히 배우고 싶거나, 하고 싶은 것은 무엇이지?

우　진: 아무거나 …… 특별히 하고 싶은 것은 없어요. 아무데나 가면 되요(1-38).

연구자: 대학은 가겠다고 했는데, 가능하다고 생각하니? 왜 가고 싶지? 대학 나와서 뭘 하고 싶은지 ……

우　진: (대학진학) 50% 정도는 확신해요. 갈 수 있지 않을까요? 내가 원하는 일 하기 위해서 대학 갈려고요. 아직은 잘 모르겠지만 대학을 우선 나오면 할 일이 많잖아요 (1-41).

연구자: 아르바이트하면 그 돈으로 뭐 할 건데?

성　　원: 돈 모아서 검정고시 학원도 다녀야 하고, 배우고 하고 싶
　　　　　은 것도 하고 ……(4-58-1)

연구자: 검정고시 할려고?

성　　원: 내년 쯤 검정고시 시험 봐서 후년에는 수능 보고 …… 그
　　　　　래서 대학갈까 ……(4-58-2)

연구자: 부모님께 말씀드리면 학원비 안주실까?

성　　원: 그게 한 달에 한 20만 원 정도 하거든요. 요새 집안 사
　　　　　정도 안 좋은데 엄마도 부담되죠 …… 그러니까 알바해
　　　　　서 내가 일부 부담하고, 용돈도 쓰고 ……(4-58-3)

2) 홀로서기

　우진이와 성원이가 학교를 '짤린 아이'와 '때려친 아이'로 살아
가는 것은 어렵고, 힘이 든다. 학력위주의 사회에 살아가기 위해
서는 학교졸업장이 필요하며, 우진이와 성원이는 검정고시를 통
해서 졸업장을 따려고 한다. 학교를 안다니면 성공하기 힘들다
고 생각하는 우진이는 아직 자기에게 학교를 다닐 기회는 있으
며, 고등학교 졸업은 기본인 것이다. 성원이는 중졸의 학력으로
는 할 것이 없기 때문에 졸업장은 필요한 것이다.

　즉 '짤린 아이'가 복학 욕구를 가지고 있고, '때려친 아이'가
검정고시를 통해 졸업장을 따려고 하는 것은 이들이 학교중도
탈락 이후의 생활에서 겪은 현실 통해서 학력위주의 사회의 분
위기를 절감하였고, 그렇기 때문에 '졸업장'이라는 학교자격증을
획득함으로써 미래의 삶에서 학교중도탈락자의 삶보다는 나은
생활을 할 수 있다는 증표를 얻을 수 있다는 태도에서 연유된
것이다. 물론 이러한 계획은 부모님이나 다른 사람의 도움 없이
스스로 알아서 하는 것이다. '짤린 아이'는 자신이 학교를 다시

다녀야겠다는 생각이 들면 복학을 하거나, 검정고시를 보고, '때려친 아이'는 하루빨리 아르바이트를 구해서 돈을 모은 뒤에 검정고시학원을 등록하는 계획을 가지고 있다.

우진이와 성원이는 이러한 계획을 일을 하거나 아르바이트를 해서 돈을 모은 다음에 실행하려고 한다. 우진이는 PC방에서 일하고 받은 월급 50만 원 중 40만 원을 어머니께 드렸다. 동생에게 가끔 용돈을 주기도 하고, 동생의 휴대폰 요금은 어머니와 반반씩 부담해서 내고, 자기에게 필요한 옷 등을 사는 데 나머지 돈을 썼다. 성원이는 만화가 문하생으로 보름 정도 일하고 10만 원 받아서 어머니께 3만 원 드렸고, 주유소에서는 열흘 정도 일했지만 급여를 받지 못하고 그만두었다. 부모님께 '돈 타 쓰기 눈치 보이는' 성원이는 아르바이트할 수 있는 패스트푸드점을 찾고 있다.

그러나 우진이와 성원이는 일을 하기도 힘들고 돈을 모으기도 쉽지가 않다. 청소년기는 경제적으로 독립할 수 없어 부모에게 의존하지만, 이들은 의지하지 않으려고 하고 스스로 해결하고자 하며, 그렇게 해야 한다고 느끼고 있다. 의지하지 않으려하고 독립적인 것은 우진이와 성원이의 성향이지만, 그래서 더욱 어렵고, 그럼에도 계속해서 새로운 아르바이트를 찾고 있거나 더 좋은 조건의 아르바이트 자리가 생기면 일자리를 옮긴다.

청소년기에 겪고 있는 정체감 혼란은 '짤린 아이'와 '때려친 아이'게서는 불확실한 현실로 나타나고, 이들이 겪고 있는 발달적 어려움은 친구와 의논하여 해결하고자 한다.

'짤린 아이' 우진이는 고민이 있을 때 의논상대는 초등학교 동창들이며, 영은이 때문에 '사람도 변하고, 성격도 변하고, 하는 것도, 노는 것도 변했다'고 하지만, 그 변화가 좋은 것인지 나쁜 것인지 신경 쓰지 않는다. 단지 "나쁜 짓은 안하니까 ……" 정도로 생각하고 있다. 또한 가족들 중에 자신에게 영향을 미친 사람은 없으며, "제가 알아서 하는 거예요"라고 말한다.

'때려친 아이' 성원이는 자신에게 가장 영향을 미치고, 의미 있는 사람으로 중학교 때 친구를 꼽는다. 그 친구는 성원이에게 격려도 해주고 나태할 때에 지적도 해주는 친구이다. 성원이는 어머니에 대해서 "거의 제 생각을 이해 못하지만 이해해 줄려고 하죠. 고민 들어주고, 조언해주고 ……"라고 말한다. 성원이에게 있어 엄마는 이야기를 들어 주는 사람일 뿐이다.

'짤린 아이' 우진이와 '때려친 아이' 성원이는 학교중도탈락 이전의 과거에도 의논할 사람이 없었고, 지금도 없다. 또래 친구 만으로는 그들의 삶의 변화에 대처하기에 한계가 있는 것이다. 그러므로 그들의 소외는 과거에 이어 현재에도 지속되고 있다고 볼 수 있다.

연구자: 학교를 그만두고 나서 느끼는 것은 뭐니?
성 원: 음 …… 그건 아마도 자유가 있기에 흐트러지기 쉬운 점인 것 같아요. 누구도 간섭하지 않고 …… 스스로의 선택으로 지내는 시간 …… 그만큼 자기 관리를 철저하게 하지 않으면 망가지기 쉽죠 …… 으 …… 점점 망가져가는 중인 것 같아요 …… 그리고 그냥 무료하게 시간을 보내는 경우도 많게 되구요. 그건 학교 다닐 때도 마찬가지였지만 …… 그리고 무엇보다 …… 음 …… 외롭다는 점이겠죠. 친구들을 만나도, 다들 학교를 다니는 녀석들이니 …… 학교이야기를 할 때면 전할 말이 없어지죠. 소풍을 간다. 수학여행을 간다, 축제를 한다 …… 그런 이야기를 할 때면 학교에 가고 싶어져요. 또 주위 사람 시선도 잘 견뎌내야 하구요(4-78).

또한 ‘짤린 아이’ 우진이와 ‘때려친 아이’ 성원이는 학교를 그만둔 후 아르바이트를 하면서 세상을 배우고 있다. 학교중도탈락 청소년에 대한 사회의 시선이 곱지 않다는 것을 알게 되었고, 일을 하면서 자기가 하고 싶은 대로 할 수는 없으며, 월급을 받기 위해서는 그만큼의 수고가 필요하다는 것을 알게 되었다.

학교를 ‘짤린 아이’와 ‘때려친 아이’는 학교를 그만 둔 이후의 삶에 나름대로 적응해 나가는 방법을 터득하게 되었고 힘겹게 성장해 나가는 것이다.

우진: (학교중도탈락 후의 변화는) 현실성, 현실을 보는 눈이 생겨요. 드러븐(더러운) 세상 …… 일하면서 알게 되는 게 많아요. 살면서 …… 뭐 이렇게 따지는 게 많은지 …… 영은이 엄마도 내가 영은이랑 계속 사귀었어 봐요, 난리나지 ……(1-36)
(사는 거) 힘들죠. 세상에 안 힘든 일이 어딨어요. 남의 돈 먹기가 그리 쉽나요. 여러 가지가 힘들죠 …… 힘 안 들고. 돈 많이 주는 것도 많아요. 그렇지만 안하는 거지. 깡패, 도둑놈 ……(1-44-5)

성원: 학교 다니는 친구들보다 일찍 사회생활을 할 수 있어서 더 많은 걸 배울 수 있는 것 같아요. 알바(아르바이트)하면서 이런 사람, 저런 사람 …… 이런 경우, 저런 경우 …… 등등 …… 저도 알바라곤 딱 두 번해봤지만 깨달은 게 많아요. 그리고 여러 사람을 대하는 방법에도 …… ‘아무리 나쁜 소릴 하고 못되게 굴어도, 돈을 벌려면 죽은 체 일해야겠다’라는 걸 느꼈어요. 음 …… 사회에 보다 빨리 적응할 수 있다는 게 좋은 것 같아요(4-77).

3) 대안 없는 '불확실'과 '그냥'

스스로 알아서 하고자 하고, 의지하지 않으려 하는 것이 '짤린 아이'와 '때려친 아이'의 특성이고, 또한 이러한 특성은 사회적 지지망으로부터 분리되게 하고, 구체적인 계획의 실천에서도 막연한 기대만을 할 뿐 불확실한 것이라고 볼 수 있다. 그러므로 '짤린 아이'와 '때려친 아이'는 현재와 미래에 불확실한 것도 '그냥'으로 표현한다.

'짤린 아이'와 '때려친 아이'는 학교중도탈락 이후의 불안 즉 현실의 불안을 예측하지 못하였다. 스스로 알아서 하려고 하는 독립과, 주체성은 청소년기의 특성이며 '짤린 아이'와 '때려친 아이'에게 나타나는 개인의 독특한 특성이기도 하다. 그러나 '짤린 아이'와 '때려친 아이'의 이러한 특성이 사회적 지지망, 관계망을 단절시키게 되고, 더욱 현재와 미래의 적응을 어렵게 만든다. 그래서 이들이 사용하는 '그냥'이란 용어 속에는 의존, 의지하고 싶은 그들의 내면이 포함되어 있다고 볼 수 있다.

성원: (학교 그만두고 나서) 약속 있는 날 빼곤 그냥, 컴(컴퓨터) 하고, 자고, 먹고 ……(4-51-1) 그냥 뭔가 …… 의미를 못 느끼고 사는 것 같아요(4-51-3).

청소년기는 완전한 독립을 이루는 시기가 아니다. '자기가 알아서' 아르바이트도 하고, 검정고시나 복학에 대한 계획도 세우지만 여전히 주변인으로서의 삶을 살고 있는 것이다.

진정한 독립은 경제적인 측면에서도 고려해야 하는데, 우진이와 성원이는 아르바이트를 계속 찾게 되고 일자리를 옮기고 있다. 이러한 과정에서 같이 의논할 사람이 필요하며, 도움을 필요로 한다. 그러나 부모님은 알아서 하라고 하고, 지켜봐주는 것은 실은 그들이 독립을 하도록 강요를 받는 것으로 해석할 수 있다.

'짤린 아이'와 '때려친 아이'에게 있어 아르바이트나 일은 앞으로 어떻게 살 것인지 강요받는 부분이다. 학교중도탈락 이후의 생활이 힘들 수 있음을 예측하지 못한 것은 이들의 개인적, 발달적 특성상 검토하지 못한 것이다.

'짤린 아이'와 '때려친 아이'의 학교중도탈락의 의지와 동기는 다르다. 그러나 학교중도탈락의 과정에서 독립과 자유로운 욕구에 대한 개인적 특성과 사회적 지지망으로부터 분리, 고립되어 있는 환경적인 특성으로 인하여 소외되었다는 것은 그들이 가진 공통점이라고 할 수 있다.

내적인 의지와 동기, 외현적인 행동에 대한 통찰력은 자기탐색을 허용하는 것과 동시에 계획적인 미래계획을 세울 수 있도록 주변의 사회적 지지망이 확립되어야 한다. 그러나 '짤린 아이'와 '때려친 아이'는 부모, 교사, 지도자 등의 사회적 지지망으로부터 분리되어 있었고, 소외되어 있었다. '짤린 아이'와 '때려친 아이'의 자기통제력의 부족은 그들의 소외와 밀접한 관련이 있다고 볼 수 있다. 또한 이 소외는 대안 없는 불확실로 연장됨을 알 수 있다.

이상에서 볼 때, 청소년복지의 실천적 접근은 학교중도탈락 청소년 생활세계에서 보여지는 미약한 사회적, 교육적 보호와 지원체제를 강화해야 한다는 함의를 준다. 즉 진학을 희망하는 학교중도탈락 청소년에게는 복교 및 복학, 검정고시, 대안학교, 특성화 학교 등에서 교육의 기회를 제공하고, 학업의욕 및 능력을 증진시킬 수 있도록 도와야 한다. 취업을 희망하는 학교중도탈락 청소년에게는 장기적인 진로설계를 하여 기술학원, 직업훈련원 등에서 일정한 교육훈련을 받은 후 취업하여 생활에 정착

할 수 있도록 도와야 한다. 또한 학교중도탈락 청소년이 겪는 가족, 친구, 직장에서의 대인관계문제, 생활적응상의 문제, 진학 및 진로지도의 문제 등이 해결될 수 있도록 상담 및 생활지도를 통하여 도움이 제공되어야 한다.

'짤린 아이'와 '때려친 아이'의 학교중도탈락 이후의 구체적인 계획과 실천에는 또래만이 아닌 성인의 도움이 필요한 것이다. 스스로 알아서 결정하고, 성인도 그렇게 하도록 무관심한 것은 그들을 소외시키는 것이며, 불확신한 자신들의 삶에 대해서 고립감, 무력감, 우울감을 느끼게 되는 것이다. 이는 학교중도탈락 청소년의 삶의 질을 저하시키는 것이다. 즉 학교를 중도탈락한 '짤린 아이'와 '때려친 아이'들이 자신의 진로결정과 선택의 책임을 청소년인 이들이 지고, 이에 대한 경제적 비용의 책임도 이들이 감당하게 하는 것은 보호와 지원을 받아야 할 청소년의 지위에 있는 '짤린 아이'와 '때려친 아이'에게는 과중한 부담감이다.

따라서 '짤린 아이', '때려친 아이'에게는 자신의 진로문제를 탐색하도록 허용해주는 사회적 지지체계가 더욱 필요하다. 즉 '짤린 아이'와 '때려친 아이'의 사회적 지지망은 진학지원, 취업 및 진로준비 지원, 상담과 생활지도 지원의 측면에서 강구되어야 하며, 이러한 지역사회 내의 교육 및 보호체제를 학교중도탈락 청소년과 연계될 수 있도록 지원해야 한다.

VI. 논의 및 결론

　본 연구에서는 학교중도탈락 청소년의 삶을 통하여 학교중도탈락에 이르기까지의 과정을 살펴보고, 이에 내재된 의미를 사회적 맥락 속에서 분석함으로써, 학교중도탈락 청소년에 대한 이론적 및 복지실천적 함의를 도출하고자 하였다.
　이에 본 연구에서 나타난 바를 이론적, 방법적 및 실천적 관점에서 논의를 전개하고 그 결론을 내리면 다음과 같다.

1. 이론적 논의

　본 연구의 결과와 관련하여 이론적 측면에서의 논의를 다음 5가지로 대별할 수 있다. 즉 학교중도탈락의 개념, 학교중도탈락의 설명이론, 학교중도탈락의 유형, 학교중도탈락 과정에 내재된 구조적 요인, 학교중도탈락에 내포된 심리문화적 기제의 측면에서 논의하고자 한다.

1) 학교중도탈락의 개념

　본 연구에서는 중도탈락의 시점을 고려하여 학교중도탈락의 개념을 '현재 학교를 그만두고 떠나 있는 상태에 있는 학령인구'로 규정하였다. 다시 말하면 잠재적 중도탈락이나 중도탈락 후 다시 복학한 청소년을 고려하지 않는 개념 규정이었다. 물론 이러한 협의의 개념규정 설정은 학교중도탈락연구의 이론적 기반 미비와 함께 주제보자의 협조에 따른 연구의 수월성도 고려된

규정이었다.

그런데 본 연구의 '짤린 아이'와 '때려친 아이'의 명칭은 학교 중도탈락 청소년들이 스스로를 정체화하는 방식이다. 즉 본 연구는 예비면접과 심층면접의 과정에서 학교중도탈락 청소년 자신들이 스스로를 표현한 '짤림'과 '때려침'의 용어를 그대로 사용하였다. 본 연구의 제보자 중 학교중도탈락 청소년들은 자퇴처리된 청소년들로서, '짤린 아이'는 장기 무단결석으로 인하여 자퇴를 하게 되었고, '때려친 아이'는 자기가 하고 싶은 일을 몰두하여 하기 위해 자발적으로 자퇴를 한 청소년이다. 즉 본 연구는 학교 중도탈락 청소년과의 예비면접과 심층면접을 거쳐 '짤린 아이'는 본인의 의사가 반영되지 않은 학교중도탈락 청소년으로 규정하였고, '때려친 아이'는 그에 대치되는 개념으로 규정하였다.

선행연구에서는 비자발적 학교중도탈락 청소년들의 중도탈락 사유를 무절제한 생활과 비행, 부적응 등으로 들고 있다(김준호 외, 1993; 송복 외, 1996; 이숙영 외, 1997). 또한 최근 조사결과에서 보면 자퇴욕구를 가진 중고등학생들이 과반수가 넘는 54%에 이르고, 중고등학생들의 자퇴희망 이유의 1순위가 '내가 정말 하고 싶은 일을 하는 데 학교가 도움이 되지 않는다'라고 한다(구자경 외, 2001). 이와 같은 결과는 학교부적응으로 인한 중도탈락 청소년들이 증가하고 있고, 학교교육에 대한 불신, 새로운 교육에 대한 열망으로 학교 밖의 대안을 찾아 자발적으로 중도탈락하는 학생들이 증가하고 있음을 대변한다(조혜정, 1997; 윤철경 외, 1999; 박창남, 2001; 이혜영, 2001).

그러므로 본 연구의 '짤린 아이'와 '때려친 아이'의 개념 설정은 선행연구들과 비교했을 때, 제보자로서의 요건을 비교적 잘 갖추고 있었으며, 학교중도탈락 청소년들이 주체적으로 자신들을 표현하는 방식을 그대로 사용함으로써 학교중도탈락의 개념에서 현재 사태를 정확하게 설명할 수 있는 개념이 무엇인지를 구체적으로 보여주었다.

또한 잠재적 학교중도탈락은 특히 청소년복지와 관련하여 재고하여야 할 개념으로 보인다. 즉 학교중도탈락의 치료적 접근은 1차 학교중도탈락 청소년의 사후관리, 2차 잠재적 중도탈락 청소년의 조기 개입, 3차 일반청소년을 대상으로 하여 시급성에 입각하여 개입의 순서를 둘 수 있기 때문이다(Dupper, 1993). 그러므로 학교중도탈락 청소년의 복지는 선정주의 원칙에 입각하여 도움을 필요로 하는 요보호 청소년에 대해 그 우선순위를 두고 있다(성영혜·김연진, 1997). 따라서 본 연구에서는 현재 학교라는 제도권밖에 있는 학령인구의 학교중도탈락 청소년을 주제보자로 선정하였다.

그리고 본 연구는 학교중도탈락의 맥락을 이해함에 있어서 학교중도탈락 청소년의 친구를 주제보자로 선정하였다. 왜냐하면 잠재적 중도탈락은 적절한 개입을 통하여 '짤린' 또는 '때려친' 청소년을 미연에 방지할 수 있는 이론적 바탕을 제공해 주기 때문이다.

2) 학교중도탈락 관련 이론의 조망

본 연구에서는 학교중도탈락의 문제를 학교중도탈락 청소년과 그들을 둘러싼 다양한 환경체계와의 복잡하고 다변적인 상호작용을 분석하고, 학교중도탈락 청소년과 복합적인 다차원적 맥락 사이의 변화하는 관계를 분석함으로써 학교중도탈락의 문제에 접근하고자 했다.

학교중도탈락 현상에 학교중도탈락 청소년, 친구, 교사, 부모와의 맥락적 수준의 상호작용과 상호 관계를 비행이론, 생태체계이론 관점에서 조망해 보면 다음과 같다.

(1) 비행이론의 조망

비행이론은 사회해체이론과 사회학습이론으로 양분할 수 있다. 사회해체이론은 다시 문화적 목표와 제도화된 수단 간의 괴리에 기인한 심리적 긴장으로 강조하는 아노미－긴장이론과 사회통제력의 약화를 초점으로 하는 통제이론으로 분리된다(한국청소년개발원 편, 1993; 송복 외, 1996).

아노미－긴장이론에 의하면 학교는 중간계층의 가치를 기준으로 학교에 적응하는 중간계층의 학생들 중심의 제도로서, 하위계층의 학생이 학업을 성공하기 어려워 지위좌절, 실패 등으로 학교중도탈락을 하게 된다(김준호 외, 1993; 송복 외, 1996). 그러나 이와 같은 설명은 가사문제로 인한 학교중도탈락을 설명하는 데는 설득력이 있으나 '때려친 아이'와 같은 자발적 학교중도탈락을 설명하는 데는 한계를 가지고 있다. 즉 아노미－긴장이론은 전통적인 학교중도탈락을 설명하는 데에는 의미가 있으나, '때려친 아이'와 같은 비전통적 학교중도탈락 즉 자발적 학교중도탈락을 설명하는 데에는 적합하지 않다(김준호 외, 1993; 송복 외, 1996; 김민, 2001a).

또한 통제이론에 의하면, 청소년의 가족에 대한 유대, 학교에 대한 유대, 사회에 대한 유대 즉 사회적 통제는 개인에게 사회적 결속감이 결여될 때 일탈 현상이 야기된다. 학교, 가정의 규범의 통제력이 약화되거나 붕괴되고 규제가 약화될 때 학교중도탈락이 발생할 수 있는 것이다(한국청소년개발원 편, 1993; 송복 외, 1996). 통제이론에 따르면 학교는 효율적인 사회통제기관의 하나이나, 학교를 중퇴한 청소년은 더 이상 학교로부터 통제를 받지 않게 되므로 학교에 남아있는 다른 비행청소년보다 중퇴생의 비행발생률이 증가하게 된다(김준호 외, 1993). 즉 통제이론은 짤린 아이의 '집털이, 슈퍼털기, 자판기뜯기, 여자꼬시러 다니기' 등의 비행문제에 대한 이해의 틀을 제공한다. 장기무단 결석으로 인해 짤린 아이에 대해 학교는 더 이상의 통제력을 발휘할 수 없었다. '때려친 아이'의 경우, 합리적이고 심사숙고해야 하는 자퇴 결정 과정에서 부모, 교사와의 유대가 단절됨으로써 사퇴 외의 다른 대안을 모색하고, 학교에 대한 부정적인 면과 더불어 긍정적인 역할과 필요성에 대해서 객관적인 선택을 할 수 있는 기회를 갖지 못한 채 학교를 그만 두게 되었으며, 학교중도탈락 이후의 생활에서도 사회적 지지망이 없이 소외되어 있어 구체적인 계획을 실천하지 못하고 시간을 때우며 지내고 있다.

이상의 제 관점에서 볼 때, 본 연구에서 통제이론은 '짤린 아이'와 '때려친 아이'의 사회적 결속감의 결여, 사회조직과의 유대 약화로 인한 학교중도탈락 현상을 설명할 수 있는 이론적 틀을 제공하여 주었다.

(2) 생태체계이론의 조망

생태체계이론은 학교중도탈락 문제에 대해서 청소년들과 그들의 생활권에 체계적, 효과적으로 개입할 수 있어야 하며, 청소년과 그들을 둘러싼 학교, 가족, 지역사회, 대중매체 등의 다양한 환경체계 사이에서의 상호작용과 상호 교류의 본질을 이해하기 위한 틀을 제공하여 준다(김중배·권중돈, 2001; NASW, 1999). 생태체계적 관점에 학교중도탈락을 적용하여 보면, 학교중도탈락의 문제는 학생내부에 있지 않고 상호작용 하는 다양

130

한 체계들(학교, 가정, 지역사회) 간의 불균형 또는 부적합으로 개념화 된다. 특히 학생의 능력과 학교, 가정, 지역사회의 요구와 기대 간의 불균형으로부터 초래된 것이다.

따라서 본 연구는 생태체계이론에 의한 학교중도탈락의 조망은 학교중도탈락 문제의 복잡성과 상호작용의 본질을 밀접하게 반영하였으며, 본 연구자가 학교중도탈락 청소년과 친구, 교사, 부모의 환경체계와의 상호작용을 설명하여 학교중도탈락 문제의 복잡성을 정돈하고 이해할 수 있도록 기여하였다.

한편 청소년들이 경험하는 문제의 광범위함을 고려할 때, 청소년들의 위기에 대한 대처는 발달적 맥락주의의 관점에서 통합적인 인간발달이론을 통하여 개인, 가족, 맥락 사이의 통합적이고, 상호적이며, 역동적인 관계에 대한 비전을 발전시킬 수 있다(Lerner, 1986; 1994; Lerner, Castellino, Terry, Villarruel, & McKinney, 1995). 발달적 맥락주의의 입장에서의 청소년은 자신의 고유한 특성을 가지고 환경에 영향을 미치기도 하며, 또한 환경적인 특성들을 능동적으로 받아들이고 처리하는 적극적인 발달의 생성자이다(김애순·윤진, 1997). 동일한 환경적 맥락이라도 이를 받아들이는 개인에 따라 그 상호작용은 달라질 수 있다(송명자, 1995). 즉 본 연구에서 학교중도탈락 청소년들은 부모의 방임적인 양육태도 및 허용적인 양육태도에 의해서 그들의 학교부적응의 상태를 더욱 강화되었지만, 자녀의 학교중도탈락은 부모들에게 심리적인 불안정, 위축을 야기하여 학교중도탈락 자녀에 대한 부정적인 시각을 극복하지 못하고, 외부에 자녀에 대한 이야기를 하는 것을 꺼리게 되었다. 또한 친구와의 관계에 있어서도 '때려친 아이'는 교내 써클활동의 불만족과 선배들과 관계가 학교를 벗어나고 싶다는 생각을 더욱 촉진시켰지만, 학교 친구들의 자퇴에 대해 동요되는 영향을 끼쳤다.

이러한 관점에서 본 연구는 학교중도탈락 청소년과 가정, 학교, 사회의 환경체계와의 상호작용, 이러한 체계와의 맥락적 수준들 사이의 관계를 분석하였다. 즉 본 연구는 학교중도탈락의 현상에 놓인 사회적 맥락수준을 분석함으로써 학교중도탈락의 본질을 구성하는 다양한 수준의 구조에 대한 통합적인 접근을 취하였다. 즉 맥락 수준의 변수들을 단순화시키거나 동시적으로 처리하지 않고, 역동적인 상호작용을 분석하였음에 그 의의를 가질 수 있다.

3) 학교중도탈락의 유형

본 연구에서는 학교중도탈락의 유형을 '짤린 아이', '때려친 아이'의 두 유형으로 구분하였다. 이러한 관점은 본 연구에서 처음 제시한 것으로 학교중도탈락 청소년을 이해함에 있어 그 설명력이 높다고 할 수 있다. 또한 이와 같은 유형 구분은 학교중도탈락 청소년에 대한 복지 대책을 강구할 때도 매우 실용적이다.

본 연구에서 '짤린 아이'와 '때려친 아이'로의 유형 구분은 종전의 '자발적 학교중도탈락'과 '비자발적 학교중도탈락'으로 통용되는 구분과 유사하다. 그러나 본 연구에서 학교중도탈락의 유형, 즉 '짤린 아이'와 '때려친 아이'의 유형 구분은 학교중도탈락 청소년들이 자신들을 어떻게 정체화 하는가를 보여주는 명칭이었고, 자퇴결정에서 본인의 의사반영 포함여부에 의한 구분이었으며, 이러한 유형 구분은 학교중도탈락의 맥락을 직·간접적으로 보여주었다.

지금까지의 학교중도탈락 청소년 유형 및 특성에 관한 연구는 전체 학교중도탈락 청소년의 특성과 관련요인을 밝히는 데에 주력하였다(송복 외, 1996; 김선희, 1997; 이숙영 외, 1997; 유성경·이소래, 1998; 황정숙, 1999; 이경림, 2000 등). 학교중도탈락의 유형은 학교중도탈락과 개별 요인들과의 관련성을 설명할 수 있어야 하며, 학교중도탈락 현상이 빈곤가정이나 결손가정, 청소년의 비행, 낮은 학업성취의 결과로 나타나는 일탈행동으로 보는 전통적인 시각에서 벗어나 개인, 가정, 학교, 사회의 종합적인 시각에 대한 이해의 틀을 제공해주어야 한다. 그러므로 본 연구에서 '짤린 아이' 및 '때려친 아이'의 유형은 다시 재구분할 수 있을 것으로 보인다. 다시 말하면 '짤린 아이'와 '때려친 아이'의 '그냥'이 그것이다. '그냥'의 기제를 좀 더 면밀히 탐색함으로써 학교중도탈락의 현상을 실제적이고 구체적으로 정확하게 설명할 수 있는 유형의 도출이 가능할 것이다. 그리고 이러한 유형 구분은 다시금 본 연구와 같은 문화기술적 연구를 통해서 견고한 유형으로 자리할 것으로 보인다.

4) 학교중도탈락 과정에 내재된 구조적 요인

본 연구에서는 중도탈락 청소년의 생활세계와 사회적 맥락에 관한 분석을 통해 학교중도탈락 청소년의 두 유형, 곧 '짤린 아이'와 '때려친 아이'에 이르기까지의 학교중도탈락 과정의 '위기적 사건 또는 결정적 계기, 기질, 강화, 촉진, 종결로 구조화할 수 있었다. 또한 학교중도탈락 이후의 생활에서 학교중도탈락 청소년들이 주된 관심을 갖고 그들의 생활세계를 대변하는 생활양식과 진로 및 미래에 대한 태도를 분석하였다.

곧 '짤린 아이'는 '짤린 아이'가 되기까지의 '위기적 사건: 엄마 아빠의 이혼, 기질: 자유분방한 아이, 강화: 방임적인 양육태도, 촉진: 가출의 장기화, 종결: 학교에서 짤림'의 구조적 요인을 가지고 있었고, '짤린 아이'로 살아가기는 '생활양식: 공부 대신 일,

넘을 수 없는 벽: 졸업장'의 구조적 요인을 가지고 있었다.

'때려친 아이'는 '때려친 아이'가 되기까지의 '결정적 계기: Full House를 읽다, 기질: 소신 있는 아이, 강화: 허용적 양육태도, 촉진: 선배들의 1학년 길들이기, 종결: 학교를 때려침'의 구조적 요인을 가지고 있었고, '때려친 아이'로 살아가기에는 '생활양식: 아르바이트 탐색, 넘을 수 없는 벽: 졸업장'의 구조적 요인을 파악할 수 있었다.

기존의 학교중도탈락에 관한 연구들에서는 이러한 구조적 요인에 대한 연구가 없었으므로, 이러한 구조적 요인은 앞으로 학교중도탈락 청소년을 이해하는 데 매우 유용한 시각을 제공해 줄 것으로 보이며, 동시에 학교중도탈락 청소년의 발생 예방과 치료적 대책을 강구하는 교육－상담－치료적 과정을 구조화하는 데 이론적－실천적 시사점을 줄 것으로 기대된다. 또한 이와 같은 구조적 요인은 상호 연관되어 있으므로, 학교중도탈락 문제에 대한 통합적이고 포괄적인 해결책 마련의 필요성을 제기한다.

물론 이러한 점은 보다 더 심화·확장된 연구를 통해 수정 보완되어 '학교중도탈락 과정'의 일반화를 도모할 수 있을 것이다.

5) 학교중도탈락에 내포된 심리문화적 기제

본 연구는 학교중도탈락 청소년과 사회환경 내지 사회체계와의 상호작용, 상호 관계를 탐색하여 학교중도탈락에 내포되어 있는 심리문화적 기제를 분석하였다.

'짤린 아이'와 '때려친 아이'가 언어적 습관처럼 사용하는 '그냥'이란 말에는 소외, 불확실함이 내포되어 있다. 소외는 독립과 자유를 추구하는 청소년의 개인적 특성과 사회적 지지망의 부재의 환경적 특성과 맞물린 현상이다. 즉 사회적 지지망으로부터의 분리의 표현은 '그냥'이고 그 본질은 '소외'인 것이다. 또한 대안 없는 불확실도 '그냥'으로 표현한다. 불확실 또한 개인적 특성과 환경적 특성에서 기인한 것이다. 다시 말하면 학교중도탈락의 '그냥'의 기제의 그 본질은 소외와 불확실이다. 본 연구는 학교중도탈락 청소년의 생활세계를 대변하는 '그냥'의 본질은 소외와 불확실이고, '짤린 아이'와 '때려친 아이'의 세계를 지배하는 숨겨진 구조로서 자기통제력과 사회적 지지망의 차원에서 해석하였다. 이러한 해석은 학교중도탈락 청소년의 경험을 이해하고 구조화하는 데에 유용하다.

따라서 본 연구는 학교중도탈락 청소년에 대한 복지적 접근, 개입의 시점 및 수준에 대한 함의를 제공해줄 수 있다. 추후 연구는 학교중도탈락의 다양한 맥락의 수준을 심층적으로 탐색, 분석하여 학교중도탈락의 사회적 맥락의 이해를 증진시킴으로써 학교중도탈락 문제에 대한 실제적인 예방적-치료적 전략을 모색해야 한다.

2. 방법론적 논의

지금까지의 학교중도탈락 청소년 연구는 학교중도탈락 청소년을 대상으로 설문조사를 하거나 재학생과의 비교 연구가 주류를 이루어져 왔으며, 학교중도탈락 청소년에 대한 심층적, 탐색적 연구는 부재한 현실이었다.

본 연구는 문화기술적 연구방법을 사용하였다. 이 연구방법은 연구의 접근방법과 의의에서 살펴 본 바와 같이 학교중도탈락 청소년의 심층적 이해를 의미 있는 주변의 다양한 관련자를 참여시켜 행위의 복잡한 관계를 해석적인 관점에서 그들의 삶을 지배하는 구조를 밝힐 수 있으며(Willis, 1989), 실제 생활현장에서 보여지는 심리적 기제, 가치, 신념, 적응전략 등을 파악하는 데에 유용하다(조용환, 2000a).

이와 같이 문화기술적 연구방법은 학교중도탈락과 같은 연구 역사가 짧아 축적된 선행연구가 적은 연구주제의 경우, 함축된 내재적인 구조적 요인 및 문화적 현상 등을 밝히는 데 매우 유용한 접근 방법인 것이다.

다만 본 연구에서 살펴본 바와 같이 제한점이 있을 수 있다. 즉 청소년의 성별, 학교급별, 학업성적, 가정의 사회경제적 배경 등을 고려한 대상적 특성뿐 아니라, 잠재적 중도탈락 및 중도탈락 후의 복학청소년, 재중도탈락자 등등을 고려한 심층적인 연구가 이루어질 수 있지만, 제보자의 협조 부족으로 이루어질 수 없었다. 따라서 문화기술적 연구는 비교적 오랜 시간을 두고 제보자와의 관계를 유지하고 연구해야 한다.

그리고 학교중도탈락 청소년에 대한 접근 통로, 만나는 방법을 다양화하여야 한다(송복 외, 1996). 본 연구는 제보자에 대한 접근을 보호관찰소, 청소년상담기관, 개인적 친분 있는 중고등학생으로 제한하였다. 앞으로는 인터넷을 활용하여, 인터넷 카페, 채팅 등의 방법으로 제보자와의 접근을 시도할 수 있으며, 대안학교, 검정고시학원, 기술학원, 유흥업소가 밀집된 장소, 학교중도탈락 청소년들이 많이 이용하는 장소 등 다양한 방식으로 접근하여야 한다.

또한 본 연구는 주제보자와의 개별 면접을 주로 실시하였다. 그렇기 때문에 제보자와의 래포(rapport) 형성에 오랜 시간이 소요되고, 더 쉽고 편안하게 면접을 진행하는 데에 어려움이 되었다. 그러므로 추후 연구는 집단면접을 활용함으로써, 집단 면접이 일종의 집단 토론의 성격을 띠게 되므로 제보자들의 이야기를 통해서 서로 생각이 다른 부분과 동조하는 부분 등 그들의 생각과 이야기가 흘러가는 맥락을 관찰할 수 있을 것이다.

3. 복지실천적 논의

학교중도탈락 청소년의 복지실천적 접근은 '짤린 아이'와 '때려친 아이'의 유형에 따라 즉 학교중도탈락의 동기와 계기에 따라 그 접근 방식을 달리 해야 한다. 또한 학교중도탈락 청소년의 학교중도탈락 이전·이후의 생활세계에 내포되어 있는 소외와 불확실의 문제를 해소할 수 있는 복지실천적 접근이 이루어져야 한다. 그러므로 학교중도탈락 청소년에 대한 소외에서 통합으로의 복지실천적 접근, 불확실에서의 확실로의 복지실천적 접근에 대해 논의하고자 한다.

1) 소외에서 통합으로의 접근

본 연구는 학교중도탈락 청소년의 문제에 접근함에 있어서 '학생'이라는 정체성에만 주력했던 시각에서 벗어나 '청소년'이라는 정체성을 부여하려고자 하였다. 즉 현존하는 '학생과 청소년의 지위와 입장은 다르다'는 개념적 구분의 중요성을 인정하고 (조용환, 2000b), 이에 청소년들을 '학생'의 신분에서가 아닌 좀더 전인적인 존재로 부각하려는 의도를 가지고 시작되었다.

학교를 '짤린 아이'와 '때려친 아이'는 학교를 다녀야 할 나이에, 그리고 대부분의 그 연령의 청소년들이 학생인 우리나라의 현실에서 학교를 그만두고나서 마땅히 갈 곳도 없고, 할 것도 없으며, 지위도 갖지 못하는 것이 학교중도탈락 청소년인 '짤린 아이'와 '때려친 아이'의 형편인 것이다.

즉 '짤린 아이'와 '때려친 아이'가 학교를 그만 둔 후 그들의 생활양식은 기존의 사회질서체계로부터 소외되어 있었다.

'짤린 아이'가 복학에 대한 기대가 좌절된 후 막연하게 '학교는 다시 다닐 수 있다'고 생각하고, 복학이 안 될 경우 검정고시 준비 계획을 세우는 것은 우리나라의 교육은 그 통로자체가 학교교육에 국한되어 있음을 의미한다. 즉 학교 이외의 다양한 교육현장에서 자신의 진로를 개척할 수 있는 기회를 제공받지 못하고 있음을 보여준다. 그렇기 때문에 '짤린 아이'는 더 좋은 조건의 아르바이트자리를 찾아 옮기는 것을 반복하며 공부대신 일을 하고 있는 것이다.

'때려친 아이' 또한 학교중도탈락 이후 생활은 아르바이트를 찾으며 지내고 있는데, 만화가 문하생, 주유소 주유원으로의 아르바이트 경험을 가지고 있다. 처음의 만화가 문하생 아르바이트는 만화가의 꿈에 대한 실현가능성을 높이기 위해 만화 그리기를 배우고자, 자신의 실력을 쌓고자 시작되었다. 그러나 '때려친 아이'의 생활 여건은 만화에만 몰두할 수 없었다. 또래친구와 만나 그 관계를 지속하는 것도 중요하고, 12시간을 넘게 일하는 것이 체력적으로 많은 에너지를 소모했기 때문에 중도에 포기하고 말았다. 결국 현실적인 어려움을 해결하여 용돈을 충당하고, 용돈 탈 때 집에서 눈치를 안볼 수 있는 아르바이트를 물색하고 있다. 그래서 돈을 모은 뒤에 만화학원을 다니고, 검정고시 학원을 다니는 것으로 계획을 수정하였다.

이와 같은 생활은 '짤린 아이'와 '때려친 아이'가 자신들의 진로를 탐색하고, 교육을 받고, 안정된 취업을 할 수 있는 사회적 지지망의 부재에서 기인하며, 그들은 소외되어 있는 것이다.

 이렇듯 학교중도탈락 이후의 '짤린 아이'와 '때려친 아이'의 소외는 학교중도탈락 이전의 삶 속에서도 나타났다. 즉 부모, 교사와의 유대 단절, 결속력 약화로 인하여 과거에도 그들은 소외되었다. 다시 말하면, 부모의 방임적 양육태도 및 허용적 양육태도, 잘 모르는 교사 및 염려스러운 교사가 '짤린 아이'와 '때려친 아이'의 학교부적응을 더욱 강화시켰고, 유대를 약화시켰다. 결국 이들은 학교생활에 적응하지 못하는 문제를 해결하기 위한 시도 없이, 심사숙고하여 합리적인 결정을 내리는 과정 없이 학교에서 짤리거나, 학교를 때려치는 상황에 이르게 되었다.

 그러므로 학교중도탈락 청소년에 대한 복지적 접근은 '소외'의 문제를 해소할 수 있어야 한다. 즉 그 접근의 목표는 '통합'이다. 따라서 학교중도탈락 청소년이 정상적인 사회생활의 주류에 동참할 수 있도록 하며, 학교중도탈락으로 인해 파생되는 문제를 최소화할 수 있어야 한다.

 이와 같은 본 연구의 '짤린 아이'와 '때려친 아이'의 소외에 대한 해석은 현존하는 '학생'과 '청소년'이라는 이분법적 개념 구분에 근거하여, 학생이라는 사회적 지위에 제한하려는 사회적 규범의 개입에서 초래되는 청소년 대 학교, 청소년 대 가정 집단 간의 긴장과 갈등에 기초하고 있다(조용환, 1993; 조혜정, 1997; 김민, 2000a).

 그러므로 학교중도탈락 이전·이후의 청소년의 삶에 제약을 가하는 요소 즉 가정, 학교, 사회와의 긴장과 갈등의 상태에서 학교중도탈락 청소년들의 학교부적응을 야기시키는 요소들을 제거하여 소외의 문제를 해소함으로써 통합을 이룰 수 있는 복지실천적 접근에 대해서 논의하고자 한다.

(1) 가정의 제한요소

학교중도탈락 청소년의 불안정성은 그들의 심리적인 안정과 부모와의 관계에서도 문제를 일으킬 소지를 갖고 있다. 즉 학교를 그만두는 과정에서 학교 안에서 모든 흥미를 상실하고, 학교 밖에서 대안을 찾고자 하는 자녀와 학교가 유일한 길이라고 생각하는 부모들 간에는 갈등이 발생한다. 자녀의 학교중도탈락 과정을 경험하면서 가족관계가 매우 소원해지거나 경직되어 있을 가능성이 있다(구자경 외, 2001; 김현주, 2001).

본 연구에서 '짤린 아이'의 어머니는 자녀의 독립적이고 자유로운 행동에 대해서 전혀 간섭하지 않고 '알아서' 하길 바랄 뿐이다. '때려친 아이'의 부모는 '전적으로 자식편'이지만, 자녀에게 강제로 통제하거나 권위를 행사하지 않고, 자녀의 요구를 들어주는 것으로 자녀와의 갈등과 대립을 줄이고자 하였다. 즉 '짤린 아이'와 '때려친 아이'의 가족관계에서 나타나는 제약은 가족 간 유대의 결여이다. 다시 말하면, 부모―자녀 간의 낮은 유대관계, 결속력의 약화는 자녀의 학교부적응 문제의 책임을 자녀에게 두며, 그 해결의 책임도 자녀에게 둔다. 부모의 적절한 관여와 개입이 생략된 채, 자녀들은 학교에서 짤리게 되었거나 학교를 때려치게 되었다. 이러한 관계는 학교중도탈락 이후에도 이어져 자신의 진로개척의 경제적 비용 부담의 책임도 지고 있다.

또한 '짤린 아이'와 '때려친 아이'는 가족 간 유대의 단절로 인하여 정서적 지지를 얻지 못하고, 오히려 그들의 고민을 친구와 이야기함으로써 도움을 받고자 하였다. 이는 학교중도탈락 청소년들은 가족들이 제공하는 사회적 지지자원을 유용한 것으로 인식하지 않고 자기들과 유사한 또래집단이나 같은 중도탈락자끼리 주고받는 사회적 지지자원을 유용한 것으로 인식하고 있는 상황에서 학교중도탈락 청소년의 사회적 지지망은 가족이 아닌 또래 친구를 통해 강화되고 있음을 보여준다(김현주, 2001). 그러나 의논상대로서의 친구는 문제해결의 방법을 안내하는 데에 역부족임을 부인할 수 없다. 실제로 '짤린 아이'와 '때려친 아이'는 학원비 충당, 복학욕구 및 검정고시 희망 등의 현실적인 문제에 대해서 고민만 할 뿐, 구체적인 실천을 하지 못하고 있다. 즉 이들은 가족이 제공하는 지지자원으로부터 소외되어 있음을 알 수 있다.

그러나 가족 간 유대의 결여로 인한 학교중도탈락 청소년의 소외는 그들의 부모에게서도 나타났다. 학교중도탈락 이전 '짤린 아이'의 부모는 자녀의 무단결석 때문에 여러 차례 담임교사의 전화를 받으며, 걱정을 하였지만 모자가정의 가장으로서 이삿짐센터에서 고된 직장생활을 하는 어머니는 자녀들에게 마음같이 신경을 써줄 수가 없었다. '때려친 아이'의 어머니는 자퇴를 반대하면 자녀가 반발하고 반항하는 것에 대한 두려움을 가지고 있었다. 즉 학교부적응으로 자녀의 자퇴과정에서 부모들도 상처받고 심리적으로 긴장을 하고 있었음에도 부모를 지원하는 사회적 지지망은 존재하지 않았던 것이다. 이로 인하여 학교중도탈락 자녀에 대한 사회의 부정적인 시각으로 심리적 위축을 경험하며, 자녀의 자퇴사실을 자신 있게 밝히지 못하는 고립된 위치에 놓이게 되었다. 오히려 학교중도탈락 청소년의 부모라는 낙인감을 갖게 되었다.

그러므로 가족이 학교중도탈락이라는 사건에 적응할 수 있는 유연한 적응성을 적정 수준 유지하고, 가족관계의 변화를 조정하기 위한 활발한 의사소통이 이루어질 수 있게 해야 한다. 또한 가족이 스스로 감당하기에 힘든 생활 사건의 변화를 경험하거나, 스스로 변화할 수 있는 힘을 갖추고 있지 못한 가족에게는 가족 외부에서의 사회적 지지자원의 교류나 제공이 필요하다.

(2) 학교의 제한요소

　청소년을 학생으로만 인정하려는 기성세대의 경향은, 청소년시기란 '배워야 하는 학습시기'라는 곧 그 시기가 갖는 발달과업에 치중하고 있다(김민, 2000a). 그러나 오늘날의 학교는 청소년들에 있어 재미없고, 따분하고, 구속이 많은 곳이다. 이러한 학교생활의 불만족은 학교문화가 주체적 설계와 영위의 가능성이 제거됨으로써 나타나는 현상이며(조용환, 2000b; 조혜정, 1997), 개인의 개성과 다양성을 존중하고, 자유로움과 해방의식으로 표현되는 청소년의 문화적 감수성을 인정하지 않음으로써 학교로부터 이탈하고 싶은 욕구를 유발하는 요인으로 작용하게 되는 것이다(김민, 2000a; 이혜영, 2001).
　본 연구의 '짤린 아이'는 교사가 볼 때에, 학교 다닐 때 머리도 기르고, 염색도 하고 교칙에 얽매이는 것을 싫어하는 '자유로운 애'였고, 학교생활은 구속이 많다 보니 학교생활을 재미없어하게 되고, 결국에는 학교라는 조직 사회에 적응을 하지 못하여 학교중도탈락을 하게 된 것이다.
　즉 '짤린 아이'의 학교생활의 제약은 학교교칙이었다. '짤린 아이'는 두발이나 교복에서 자유롭지 못한 학교에 반발하게 되고, 이에 자유에 대한 욕구와 학교의 구속이 갈등을 야기되었다. 그리고 '짤린 아이'에게 있어 "쓸데없는 것"만 가르치는 학교는 지각이나 결석을 안 하고, 학교교칙에 어긋나지 않도록 하는 데에만 중점적으로 지도하고 통제하는 곳이었다. 이러한 자유와 구속의 갈등은 무단결석으로 표출되고, 학교는 "쓸데없는 것"만 가르치는 곳으로 인식하게 됨으로써, '짤린 아이'의 학교부적응

142

은 더욱 심화되었다. 역으로 '짤린 아이'의 학교부적응에 대해서 학교는 교칙준수만을 강조할 뿐 생활지도 외에 '짤린 아이'의 학교부적응을 해결고자 하는 노력에는 관심을 갖지 않았다. 결국 '짤린 아이'는 학교적응을 위한 노력에서 소외되었다.

그러므로 학교는 자유, 개성, 다양성을 존중하는 신세대 청소년의 변화에 적절하게 대응하여(김민, 2000a; 구본용, 2001; 이혜영, 2001), 보수적인 학교에서 유연한 학교로의 변화를 추구해야 한다.

또한 '때려친 아이'의 학교생활의 제약은 획일적인 교육과정이었다. 실업계 고등학교의 특성을 배제한 채, 교과목 위주의 수업을 진행함으로써 학교수업은 의미가 없고, 지루하며, 시험성적만을 중시하는 감옥 같은 학교에서 하루속히 벗어나고 싶다는 생각을 가중시켰다. '때려친 아이'의 학교에 대한 이와 같은 태도는 우리나라의 공교육체제가 위기에 처해 있다는 지적과 일치한다. 즉 우리사회에서 학교의 존재가치, 유용성 혹은 효용성 등이 위협을 받고 있으며, 학생들은 학교수업, 규칙 등에 대해 그다지 의미를 부여하지 못하거나 이를 거부하고 있다(정진곤, 2001).

이러한 현실 속에서 학교는 '때려친 아이'의 자퇴결정을 번복하게 하기 위한 면담만을 지속할 뿐, 학교를 때려치려는 아이에 대해서 이성적이고 합리적인 결정할 수 있도록 개입하지 못하였고, 그러한 중재 자원도 가지고 있지 않았다. 결국 학교에서 벗어나고 싶다는 욕구와 학교를 그만두어야 겠다는 의지에 치중하였던 '때려친 아이'는 혼자서 자퇴 후의 할 일을 계획하고, 그 계획을 실천하기 위해 학교를 때려치게 되었다.

학교를 자퇴하고자 하는 학생들을 위한 중재자원 여부는 학교가 잠재적 중도탈락 학생들을 예방하고, 그러한 욕구를 가지고 있는 학생들에게 개입에 대한 시사점을 제공해 준다.

또한 학교가 청소년의 주체성과 자율성을 인정하고(김민, 2000a), 다양한 학생들의 지적수준과 흥미를 고려한 교육과정을 적용하는 것은 공교육에 대한 국가의 투자를 기초로 해야 한다(정진곤, 2001). 이는 본 연구의 제보자였던 교사들 모두 "(학급당 학생수) 학생들이 줄었으면 좋겠어요"라는 호소에서, 학생과 교사 간의 단절과 갈등의 문제해결은 국가적 차원의 지원이 시급함을 대변하고 있다.

(3) 사회의 제한요소

'짤린 아이'와 '때려친 아이'는 검정고시, 대학진학의 계획을 일을 하거나 아르바이트를 해서 돈을 모은 다음에 실행하고자 한다. 그러나 일을 하기도 힘들고 돈을 모으기도 쉽지가 않다. 청소년기는 경제적으로 독립할 수 없어 부모에게 의존하지만, 이들은 의지하지 않으려고 하고 스스로 해결하고자 하며, 그렇게 해야 한다고 느끼고 있다. 의지하지 않으려 하고 독립적인 것은 우진이와 성원이의 성향이지만, 그래서 더욱 어렵고, 그럼에도 계속해서 새로운 아르바이트를 찾고 있거나 더 좋은 조건의 아르바이트 자리가 생기면 일자리를 옮긴다. '짤린 아이'와 '때려친 아이'의 불안정한 생활은 미약한 사회적 보호와 지원체제에서 기인한다고 볼 수 있다. 즉 취업의 현장에서도 이들은 사회적 지지망이 부재함을 보여 준다.

'학교-집-학교 밖'의 청소년들의 생활공간은 점차 학교 밖의 상업주의적인 소비문화와 대중문화가 학생들을 학교 밖의 생활공간으로 끌어냄으로써(이혜영, 2001), 학교 밖의 생활 역시 중요한 삶의 부분으로 차지하고 있다. 그러나 '짤린 아이'와 '때려친 아이'에게는 학교 밖의 생활이 전부인 것이다. 이 공간은 공부가 아닌 일을 선택할 수밖에 없는 것이 학교중도탈락 청소년들이 놓인 현실이고, 아르바이트의 현실은 저임금, 야간근무, 과도한 노동, 성차별 등을 감수하면서 '남의 돈 먹기가 쉽지 않기 때문에, 돈을 벌려면 죽은 채 일해야 하는' 세상이었다. 뿐만 아니라 '짤린 아이'와 '때려친 아이'는 학교중도탈락 이후 아르바이트를 하며 겪는 어려움과 고충에 대해서 의논할 사람도 없고, 고민을 상담할 사람도 없으며, 보다 안정된 취업을 하거나 진학을 준비할 수 있도록 지도해주는 사람도 없다.

즉 학교중도탈락 청소년들이 주로 취업하는 노래방, PC방, 주유소, 커피숍 등은 고용구조가 불안정한 곳이기 때문에 장기적인 진로개척이 어렵다(이숙영 외, 1997). 또한 부당한 처우에 대해 신고할 창구도 없다. 이와 같은 현실은 학교중도탈락 청소년의 삶을 더욱 불안정하고, 불확실하게 한다. 그러므로 청소년 고용 및 취업에 대한 복지실천적 접근은 청소년들이 아르바이트에 대한 정확한 정보 접근의 가능성을 높이고, 안정된 취업을 할 수 있는 연계체제의 필요성을 제기한다.

2) 불확실에서 확실로의 접근

학교중도탈락 청소년들은 학교중도탈락 이후의 생활에 적응하고 정착하려는 노력을 하는 도중에 다양한 삶의 문제를 경험하게 된다(이숙영 외, 1997). 본 연구에서는 '짤린 아이'와 '때려친 아이'가 경험하는 현실적인 어려움이 학교중도탈락 이후 삶의 대안 없는 '불확실'로 나타났다. 그러므로 학교중도탈락 청소년에 대한 복지적 접근은 '불확실'의 세계를 '확실'의 세계로 전환시켜야 하며, 학교중도탈락 청소년의 진로 및 미래 계획이 구체적으로 실현될 수 있는 조력방안을 강구하도록 모색해야 한다.

본 연구에서 '짤린 아이'와 '때려친 아이'의 학교중도탈락 이후의 삶은 불확실함으로 나타났다. 이들은 앞으로 어떻게 살아야 하는지에 대한 세밀한 계획도 없고 구체적인 실천도 없다. '짤린 아이'는 밤에 일하고, 낮에 자고, 다시 일하고, 자주 만나는 사람도 없이 그렇게 생활하고 있다. '때려친 아이'는 친구들은 학교에서 시간 때우고, 자신은 집에서 시간을 때우며 보내고 있다고 한다. 이들은 학생이라는 사회적 지위를 벗고 보니, 소속된 곳도 없으며, 특별히 추구하는 목표를 두고 행하는 일도 없고, 배우는 것도 없다.

그러나 '짤린 아이'와 '때려친 아이'의 불확실의 문제는 학교중도탈락 이전의 맥락에서부터 기인하였다.

무단결석, 학교부적응의 문제를 겪었던 '짤린 아이'와 '때려친 아이'는 학교생활의 어려움을 구체적으로 생각해보고, 학교에 대한 부정적인 면과 긍정적인 역할과 필요성을 고려한 객관적이고 합리적인 선택 과정이 필요하다(홍수연·소수연, 2001). 그러나 '짤린 아이'와 '때려친 아이'는 학교중도탈락 이전에 심사숙고하여 이성적인 결정을 하는 과정이 생략되었다. 즉 학교중도탈락 과정은 부모, 교사와의 유대관계가 단절된 상태에서 오히려 긴장과 갈등 갈등이 고조되어 있었고, 자퇴처리 함으로써 학교는 더 이상 학생에 대해 책임을 지지 않게 되었다(이숙영 외, 1997). 그러므로 학교중도탈락 이후의 청소년은 자신의 진로에 대해 불확실한 태도를 취하게 되고, 방황의 시간을 갖게 되었다.

또한 '짤린 아이'와 '때려친 아이'는 자기통제력의 부족으로 인하여 통찰력을 가지고 학교중도탈락 이후의 삶에 대해 계획적인 행동통제를 하지 못하였다.

그렇지만 학력위주의 사회에 살아가기 위해서는 학교졸업장이 필요하며, '짤린 아이'와 '때려친 아이'는 검정고시를 통해서 졸업장을 따려고 한다.

우리 사회는 교육의 통로자체가 학교교육에 치우쳐 왔으며, 지금까지의 제도교육은 학교교육을 근간으로 하는 제도교육 중심의 교육개혁이었고, 그만큼 학교교육에 치우쳐 졸업장 우선주의에 빠져 왔음은 간과할 수 없는 사실이다(김민, 2001b; 최돈민, 2001). '짤린 아이'와 '때려친 아이'는 학교중도탈락 청소년에 대한 사회의 시선이 곱지 않다는 것을 알게 되었고, 이를 극복하기 위해서 고등학교 졸업장이라는 교육경험을 증명함으로써 학력위주의 사회에서 가치를 인정받고, 향후 결혼이나 사회생활에서 보다 나은 생활을 할 수 있다고 믿는다.

그러나 복학이나 검정고시에 대해서도 막연한 계획을 가지고 있을 뿐이고 대학진학을 희망하지만 확신하지는 못한다. 그 이후의 삶에 대해서도 추상적인 꿈을 가지고 있을 뿐이다. '짤린 아이'는 '결혼해서 아들, 딸 낳고 알콩달콩 사는 것'이 꿈이다. 그때쯤이면 대학을 나왔던 안나왔던 무슨 일이든 하고 있을 것이고, 일하고, 결혼하고, 아들딸 낳아 살면서 보통 시민으로 살아가지 않을까 예측해 본다. '때려친 아이'는 장래희망이 만화가이지만 그 꿈을 이룰 수 있을지는 미지수라고 생각한다. 옛날에는 노력도 많이 하고 했지만 지금은 특별히 배우는 것도 없고 그냥 꿈만 꾸고 있을 뿐이라고 한다.

청소년들이 앞으로 어떠한 직업을 가지며, 어떻게 살 것인가 하는 선택과 결정은 지금까지 쌓아온 경험과 지식, 그리고 자신에 대한 정보로는 자신 있게 확신을 가지고 어떤 판단을 내리고 결정하기에는 역부족이다. 현명한 선택과 결정을 하도록 자기이해력과 판단력이 갖추어지기 전에 이러한 상황에 놓인 청소년들은 자신에 대한 탐색작업을 시작해야 하고 자신이 처한 상황과 가능성을 점검해야 한다(김애순·윤진, 1997).

따라서 학교, 가정이라는 사회적 지지망으로부터 소외된 학교중도탈락 청소년들에게는 상담, 교육, 진로지도 등의 지역사회의 청소년 지원 프로그램이 효과적인 지원체제를 갖추어 학교중도탈락 청소년의 보호체계로 작용해야 할 것이다(유성경·이소래, 1998; 구본용, 2001).

그러므로 학교중도탈락 청소년의 불확실한 삶에 대한 접근은 지역사회내의 사회적 지지자원을 활용함으로써 그들의 구체적인 진로 개척 및 미래 설계를 도와 줄 수 있으며, 청소년을 위한 지역사회의 보호·육성의 기능을 효과적으로 수행할 수 있다. 즉 학교중도탈락 청소년에 대한 복지적 접근은 학교중도탈락 이전과 이후의 사회적 지지체계의 필요성의 측면에서 고려되어야 한다(이숙영 외, 1997; 주현정, 1998; 이경열, 1999; 조한혜정, 2000).

이를 위해서는 정규교육뿐만 아니라 현행 지역사회 기반 프로그램들을 포함시킨 지지체계의 구성이 학교부적응 청소년, 위기에 처한 청소년을 이끄는 중요한 과업이라 할 수 있다. 이러한 지지체계에는 실질적인 서비스 및 물질적인 도움, 자존감 향상 및 정체성 강화를 위한 피드백, 사랑의 표현, 돌봄, 배려 등이 중요한 구성요소가 되어야 한다(Allen-Meares, Washington, & Welsh, 1996).

또한 사회적 지지체계를 제공하는 서비스는 지역사회내의 통합적인 서비스여야 한다. 왜냐하면 청소년들의 위험행동의 상호관련성과 체계적 기초는 어느 한 유형의 프로그램이 문제의 모든 상호 연관된 측면들을 적절하게 다루기에는 충분하지 않기 때문이다(Scorr, 1988). 또한 개인, 기관 및 맥락 수준들 사이의 관계는 청소년문제의 기초를 제공하고, 그 문제의 변화를 위한

148

잠재적 출처를 제공함으로, 개입은 개인을 변화시키기보다는 발달체계를 변화시키는 것에 그 목적을 두어야 한다(Dryfoos, 1990).

그러므로 사회적 지지망의 형성과 지원은 학교중도탈락 청소년, 친구, 부모, 교사에게도 제공되어야 한다. 즉 학교중도탈락은 맥락적 수준에서 상호 영향을 주고받기 때문이다. 이는 잠재적 중도탈락 학생을 학교가 조기발견하고 개입하는 데 유용할 것이다.

따라서 학교를 그만 두고 싶어 하는 청소년에게 친구관계, 부모와의 관계, 교사와의 관계를 향상시킬 수 있는 프로그램을 제공해야 한다. 이를 위해서는 교사와 부모의 적극적인 참여를 유도하고, 청소년에게 필요하다고 보이는 지역사회의 다양한 인적, 물적 자원을 활용할 수 있도록 정보를 제공하고, 의사결정을 도우며, 실제로 필요한 자원과 연결될 수 있도록 지원체계를 구축해야 한다(구자경 외, 2001).

즉 '짤린 아이'와 '때려친 아이'를 위해서 가정, 학교, 지역사회는 각 영역에서 해줄 수 있는 최소한의 지원을 해줄 수 있도록 효과적인 지원체제가 구축되어야 한다. 또한 학교 내, 지역사회 내에 전문적인 인력을 확보해야 하며(김민, 2000a; 구본용, 2001), 전문 인력이 학교중도탈락 청소년 및 잠재적 학교중도탈락 청소년에게 유기적으로 연계되어, 청소년, 교사, 부모들에게 전문적인 도움이 제공되어야 할 것이다.

이상에서 볼 때, 학교중도탈락 청소년을 위한 사회적 지지방안은 지역사회와의 연계를 기초로 통합적인 서비스를 제공해야 한다.

청소년을 위해서는 과거와 현재의 자기 자신과 그 개인을 둘러싼 환경, 즉 가정, 또래관계, 학교에 대한 이해를 깊게 하고,

이러한 전체적 이해를 바탕으로, 사건위주나 충동적 회피, 도피적 결정이 아닌, 합리적이고 심사숙고하는 결정을 통해서 자기결정과 선택에 의해 미래 삶을 설계해보도록 하는 기회를 제공해야 한다. 이러한 개입은 학교 내 전문상담교사, 지역사회 내 청소년관련기관 및 시설의 지원프로그램의 활용한다. 그러므로 청소년 자신 자아정체감 및 자기개발 훈련 등을 통하여 자기이해의 내적 통찰력을 강화하여 효율적으로 환경에 대처하도록 한다. 또한 실제적인 진로지도를 통하여 미래 희망직업을 탐색해보고, 경험함으로써 효과적인 진로계획을 세울 수 있도록 돕는다. 이는 학교중도탈락을 결정한 청소년들에게도 유용한 것으로 학교중도탈락 이후에도 학교나 청소년 관련기관 및 시설이 지속적으로 학교중도탈락 청소년의 적응에 도움을 줄 수 있다.

또한 또래관계증진 프로그램, 또래상담 등을 통하여, 문제해결의 통찰력을 강화하여, 또래집단이 각자의 역량을 강화시키고, 스스로 문제를 해결할 수 있도록 한다. 이는 또래집단의 역량을 강화시킴으로로써 청소년의 의논상대인 친구를 사회적 지지자원으로 유용하게 활용할 수 있다.

부모를 위해서는 학교, 지역사회가 자녀 양육에 관한 정보를 제공한다. 학교부적응 자녀, 학교중도탈락 자녀를 둔 부모들이 부모－자녀관계에서 필요한 의사소통기술과 갈등해결방법을 배울 수 있으며, 청소년에게는 가정의 정서적 지지를 강화하는 결과가 가져올 수 있다.

학교는 지역사회 내 청소년 관련기관 및 시설과 연계하여 학생들에게 다양한 대안교육프로그램을 시행함으로써, 학교가 학생들의 자율성과 독창성을 인정하는 다양한 교육과정을 운영하는 데에 필요한 지원을 받을 수 있다. 이는 학교 내 부적응 학생에 대한 조기발견, 개입을 통하여 학교중도탈락을 예방하는 효과를 가져올 수 있다.

지역사회는 지역의 학교중도탈락의 욕구와 문제를 해결할 수 있는 통합적인 서비스를 구축하고, 지역사회 내의 기관 간의 협력체제 구축하여 서비스의 통합화를 강화한다. 이는 학교중도탈락 청소년에게 교육 및 보호의 지지자원으로 학교중도탈락 청소년의 적응과 진로개척에 기여할 수 있다.

4. 결론 및 제언

본 연구는 학교중도탈락 청소년의 삶을 문화기술적 접근을 통하여 학교중도탈락의 사회적 맥락의 이해를 증진시킴으로써 청소년복지의 실천적 함의를 모색하였다.

본 연구에서 살펴본 바를 토대로 본 연구의 결론을 내리고 제언을 하면 다음과 같다.

1) 결 론

본 연구는 연구의 목적과 연구문제를 해결하기 위해 문화기술적 연구방법의 형식으로 예비면접, 주제보자와의 심층면접 및 참여관찰, 자료의 분석 및 해석의 검토의 과정을 거쳤다. 20명의 학교중도탈락 청소년 예비면접 중 2명의 청소년이 주제보자로 선정되었고, 이들의 친구, 교사가 주제보자로 선정되었다. 즉 학교중도탈락 청소년 2명, 이들의 친구와 교사 각 1명씩, 총 6명의 주제보자를 선정하였다.

이와 같은 연구과정에서 학교중도탈락 청소년들은 스스로를 '짤린 아이', '때려친 아이'로 표현함으로써, 학교중도탈락 청소년의 정체화 방식을 보여주었다. 이는 자퇴처리의 과정에서 청소년 자신의 의사반영여부에 따라 청소년들이 스스로를 학교에서 '짤림' 또는 학교를 "때려침"으로 구분하였고, 이와 같은 구분은 학교중도탈락의 맥락을 직·간접적으로 보여주었다.

또한 본 연구는 청소년들의 학교중도탈락이라는 현상에 걸쳐 있는 사회문화적 맥락들과 그 맥락 속의 의미를 파악함으로써, '짤린 아이'와 '때려친 아이'의 학교중도탈락 이전과 이후 생활에서 구조적인 요인들을 발견하였고, 학교중도탈락의 사회적 맥락들과의 연관성을 살펴보았다.

즉 학교중도탈락 과정의 위기적 사건 또는 결정적 계기, 기질, 강화, 촉진, 종결의 구조적 요인이 복합적으로 작용하는 과정을 거쳐 학교중도탈락에 이르게 됨을 알 수 있었다. 또한 학교중도탈락 이후의 생활에서 학교중도탈락 청소년들이 주된 관심을 갖고 그들의 생활세계를 대변하는 생활양식과 진로 및 미래에 대한 태도에서 소외와 불확실의 세계를 발견하였다. 이러한 학교중도탈락 청소년의 생활세계는 '짤린 아이'에게는 자아통제기능이 부족한 청소년, 의미 있는 친구, 잘 모르는 교사, 무기력한 부모와 같은 맥락 수준에서 학교중도탈락의 사회문화적 맥락의 상호작용, 상호 관계를 살펴볼 수 있었으며, '때려친 아이'에게는 학교와 마찬가지로 집에서도 똑같이 시간을 때우고 있는 청소년, 동조하는 친구, 염려스러운 교사, 심리적으로 위축된 부모와 같은 맥락 수준에서 학교중도탈락의 사회문화적 맥락의 상호작용, 상호 관계를 살펴볼 수 있었다.

마지막으로 본 연구는 '짤린 아이'와 '때려친 아이'가 언어적 습관처럼 사용하는 '그냥'이란 말에는 '소외', '불확실'이 내포되어 있음을 발견하였다. 즉 학교중도탈락 청소년의 생활세계를 대변하는 '그냥'의 본질은 소외와 불확실이고, 이들의 생활세계를 지배하는 숨겨진 구조를 자기통제력과 사회적 지지망의 차원에서 해석하였다.

그러므로 학교중도탈락 청소년을 위한 복지대책은 청소년의 자기통제력과 사회적 지지망을 강화함으로써 그들의 소외와 불확실의 문제를 해결할 수 있어야 한다.

2) 제 언

'짤린 아이'와 '때려친 아이'를 위한 학교중도탈락 이전·이후의 청소년, 친구, 부모, 학교에 대한 복지실천적 접근방안과 학교중도탈락 청소년에 대한 연구과제를 제언하면 다음과 같다.

(1) 학교중도탈락 이전의 복지실천과 과제

'짤린 아이'의 자유분방한 성격 특성은 충동적이거나 무단결석, 가출, 비행 등과 같은 자신의 행동이 어떤 결과를 낳을지 심각하게 생각해보지 않는 데서 기인한다. 따라서 개별상담이나 집단상담프로그램에서 자신의 성격을 알아보는 과정을 통해 자신의 장점뿐만 아니라 단점, 문제해결력과 대처방식을 살펴보는 기회를 가질 수 있다. 이는 '짤린 아이'의 자기인식, 자기조절, 자기통제를 강화할 수 있다.

'짤린 아이'는 학교에 가고 싶으면 가고, 놀고 싶으면 노는 등 삶에 대한 뚜렷한 목적이나 기대가 없다. 특히 어머니가 자녀에 대한 통제나 지도에 전혀 관여하지 않고 "알아서 해라"고 하며 무관심하고 방치하는 것은 자녀의 삶에 대한 무기력을 더욱 강화하게 된다. 따라서 가정에서 자녀가 무엇을 원하는지, 무엇을 하고 싶은지에 대한 관심을 갖는 것은 진로교육의 시작이 되며,

진로에 대한 목적을 갖게 한다. 또한 '짤린 아이'의 어머니가 심리적인 긴장과 문제에 대처하고, 가족의 건강성을 회복시키기 위해서는 부모-자녀 간의 유대관계를 강화하여 가족의 응집성을 적정수준으로 유지할 수 있도록 가족 외부에서의 사회적 지지자원의 교류나 제공이 필요하다.

'짤린 아이'는 학교중도탈락 이전 학교에 가지 않는 시간들을 친구들과 보냈다. 그 친구들은 대체로 같은 학교를 다녔고, '짤린 아이'와 같이 학교중도탈락의 위험에 놓여 있었다. 그러므로 같은 문제를 가진 또래들이 함께 참여하여, 학교부적응의 문제를 과거와 현재의 자기 자신, 가정, 친구관계, 학교 등 다각적인 측면에서 인식하고, 이에 대한 대처방안을 함께 생각해보는 장을 마련한다. 이는 학교중도탈락 과정에서 무단결석, 비행 등의 사건위주의 결정을 지양하고, 과거와 현재의 자기 자신과 주변 환경을 정리하고, 자기결정과 선택에 의해 미래 삶을 설계해보는 기회를 제공할 수 있다.

'짤린 아이'의 무단결석에 대해 교사는 꾸중을 하고, 교내봉사를 하고, 부모와 전화상담을 하는 것이 '짤린 아이'에 대한 개입이었다. 최근 학교에서의 징계는 교내봉사, 사회봉사, 선도처분 등의 과정을 거친다. 교내 또는 외부에 위탁하여 이루어지는 이러한 과정에서 '짤린 아이'와 부모를 개별 또는 함께 상담하고, 장애인복지시설, 노인복지시설 등의 사회봉사에 부모를 함께 참여시킴으로써 학교는 가정에 대한 이해를 돕고, 부모-자녀 간의 관계를 회복할 수 있는 계기를 마련해줄 수 있을 것이다. 또한 학교는 불가피하게 자퇴처리를 해야 하는 상황의 경우, 학생을 학교 밖으로 내모는 데에만 그치지 말고, 대안학교 및 특성화고등학교로의 전학을 고려하여 학생이 충분히 생각하고 결정할 수 있도록 중재자가 되어야 한다.

한편 '때려친 아이'에게는 개별 또는 집단상담프로그램을 통해서 학교를 다니면서 힘든 점을 이야기 해보게 함으로써 감정을 정화시키고, 학교의 긍정적인 부분을 인식하게 하여 학교에 대한 객관적인 시각을 갖게 해야 한다. 또한 학교에서의 어려움이 학교를 그만두는 데 어느 정도 영향을 주고 있는지 명확히 인식하게 하고, 학교를 그만두는 것이 자신에게 도움이 되는지 생각해보게 한다. '때려친 아이'의 경우 평소 주관이 뚜렷하고, 의지가 굳은 성격이었지만, 학교를 벗어나고 싶다는 충동이 더 컸기 때문에 학교중도탈락 외의 다른 대안이 없는지에 대해 고려해보는 시간이 부족했다. 즉 본인의 의지와 생각이 타인과의 교류나 피드백이 없이 혼자의 결정에 의해서 이루어진 것이 때문에 합리적이고 심사숙고하여 안정된 결정을 내렸다고 볼 수 없다. 그러므로 '때려친 아이'의 상황을 이해하고, 자기결정을 도울 수 있는 기회를 제공함으로써, 신중한 결정을 할 수 있도록 의사결정 상황에서 청소년의 안정된 심리상태를 위한 개입이 중요하다.

'때려친 아이'는 자신의 고민이 있을 때에 친구들을 만나 의논한다. 즉 문제를 해결하기 위해 친구들과 만나는 것이 아니라, 친구와의 교제에서 자신이 수용받기를 바라고 위로를 받고자 한다. 이는 부모나 교사가 제공하는 정서적, 사회적 지지자원보다는 또래집단에 의해 제공되는 지지자원이 자신의 욕구를 충족시키는 데에 적절한 것으로 인식하고 있기 때문이다. 또한 '때려친 아이'의 경우, 다른 아이들과 비교해서 써클 내에서 월등한 실력을 가졌지만, 써클활동 및 써클 내의 선배와의 관계에 불만족이 더욱 학교를 그만두게 싶게 했다. 그러므로 또래관계의 어려움과 학교를 그만두는 것과의 관련성을 구체적으로 생각해볼 수 있는 기회를 제공함으로써 또래관계를 개선할 수 있는 방법을 모색하고, 현재의 또래관계의 문제 해결노력이 자신의 미래 대인관계에 어떠한 관련성을 가지며, 영향을 미칠지 예측해보게 한다.

또한 또래관계증진, 또래상담의 필요성이 제기된다. 즉 학급 내의 또래 관계, 동아리의 선후배관계를 공고히 다짐으로써 사회적 관계망과 지지망을 강화시켜야 한다. 따라서 학교의 교내 동아리 활동에 대한 지원은 자율적인 공간을 마련해 주고, 행사에 참여하게 하고, 지도교사를 선임하는 것으로 그치는 것이 아니라 이 안에서 맺어지는 대인관계에 관심을 가짐으로써, 동아리 활동 내 또래관계증진프로그램, 또래상담훈련프로그램 등을 통하여 또래 집단이 각자의 역량을 강화하고 문제해결의 통찰력을 강화해야 한다.

‘때려친 아이’의 부모에게 있어서는 자녀에 대한 효과적인 권위를 사용하여 자녀와의 갈등과 대립을 줄일 수 있는 방안이 모색되어야 한다. ‘때려친 아이’는 부모가 자신을 잘 이해는 못하지만, 전적으로 따라줄려고 노력한다고 했다. 또한 어머니와의 대화시간은 많이 가지는 편이지만, 아버지와는 대화가 이루어지지 않으며, 직장에만 관심을 가지고 가정에 무관심한 아버지에 대해 불만을 가지고 있다. 즉 가족 구성원의 역할과 조정, 가족의 적응에 대한 활발한 의사소통이 이루지지 않았다. 그렇기 때문에 스스로 학교중도탈락을 결정하고 부모에게는 통보하는 것으로 ‘때려친 아이’의 학교중도탈락이 이루어졌다. 그러므로 청소년에게는 중년기의 부모에 대해, 부모에게는 청소년에 대해 이해를 높일 수 있는 기회가 제공되어야 한다. 예를 들면 부모, 자녀가 함께 참여한 역할극을 통하여 청소년, 부모에 대한 이해를 높일 수 있다.

(2) 학교중도탈락 이후의 복지실천과 과제

'짤린 아이'에게는 미래 희망직업 및 진로를 탐색해보게 하고 구체적인 계획을 수립할 수 있도록 해야 한다. 자신의 적성이 무엇인지 점검해보고, 무엇을 하고 싶고, 원하는 것이 무엇인지, 어떤 교육을 희망하는지, 어떻게 살고 싶은지 등에 대해 깊이 고려해 보는 시간과 기회가 필요할 것이다. 그러므로 미래에 대한 계획을 구체화시킬 수 있어야 한다. 또한 이러한 탐색과정에서 직업·기술학교 및 학원에서의 교육, 복학이나 타 학교로의 전학 등이 이루어질 수 있도록 해야 한다. 이를 위해 학교는 '짤린 아이'의 자퇴로 학교와의 관계가 종결된 것이 아니라, 새로운 도전과 시도를 할 수 있도록 학교중도탈락 청소년의 사후관리에 관심을 가지고, 적절하게 안내, 유도할 수 있어야 한다.

또한 '짤린 아이'는 학교중도탈락 이후에 사귀게 된 여자친구 영은이로 인하여 생활 태도나 습관이 변하고, 학교중도탈락 이전보다는 안정된 생활을 하고 있다. 그러므로 학교중도탈락 이후의 청소년에게 있어 또래관계의 강화는 더욱 그 필요성이 제기된다. 특히 청소년들이 가족의 사회적 지지자원보다 또래의 지지자원을 더 중요하게 인식하고 있기 때문에, 또래의 조언, 격려, 동기부여의 역량을 강화할 수 있어야 한다.

'짤린 아이'의 어머니는 영은이와의 교제 이후, 아르바이트를 하고, 집을 나가지 않고, 가정에 경제적 보조를 하는 등 비교적 안정된 생활을 하게 된 것에 안심하며, 자녀의 귀가와 식사를 챙기는 등 조금씩 자녀의 생활에 관심을 가지고 있다. 이는 '짤린 아이'의 학교중도탈락 이후의 안정된 생활과 진로계획을 위해서 학교중도탈락 청소년-친구-부모와의 연계의 중요성에 대한 시사점을 제공한다. 집 밖을 맴도는 자녀와 그의 친구를 집 안으로 끌어들이고, 각자의 생활에 대한 관심을 표명함으로써, 대화의 시간과 내용이 변화되고 있다. 그러므로 자녀의 친구를 통해 자녀에 대한 이해를 높일 수 있으며, 친구의 부모를 통해 자신의 부모에 대한 이해를 높일 수 있는 방안이 모색되어야 한다. 즉 또래로부터 제공되는 사회적 지지자원은 가족 외부의 사회적 지지자원으로 활용할 수 있게 되며, 자녀의 학교중도탈락이라는 사건에 적응할 수 있는 유연한 가족으로의 적응성을 높일 수 있다.

한편 '때려친 아이' 경제적, 정서적 지원을 통해 자신의 꿈을 실현할 수 있도록 도와야 한다. 학교중도탈락 이후의 특별히 배우거나, 하는 일 없이 보내고 있는 상황은 '때려친 아이'의 미래에 대한 불안감을 더욱 가중시키고 있다. 또한 '때려친 아이'는 자유와 독립에 대한 욕구가 강하므로 부모나 친구에게 의존하려 하지 않고 스스로 문제를 해결하고 한다. 그러므로 '때려친 아이'에게는 학교중도탈락 이후에 겪고 있는 다양한 어려움들을 부모에게 이야기하고, 도움을 요청할 수 있는 의사전달기술을 습득할 수 있도록 해야 한다. 이는 '때려친 아이'의 부모에게도 필요하다. 자녀의 학교중도탈락으로 인해 심리적으로 위축되어 있는 '때려친 아이'의 부모는 자녀의 반항이 두려워 복학에 대한 기대도 표현하지 못하고, 주변의 부정적인 시각으로 인해 겪게 되는 어려움도 자녀 앞에서 표현을 하지 못하고 있다. 그러므로 이들의 의사소통 기술을 개선함으로써, 부모와 자녀 간의 세대 간의 이해를 높일 수 있으며, 부모가 자녀에 대해 적절하게 관여하고, 효과적으로 권위를 사용할 수 있게 된다. 또한 가족 간의 긍정적인 피드백을 통하여 가족으로부터의 정서적 지지를 더욱 강화할 수 있고, 현실적인 경제적 어려움을 해결할 수 있을 것으로 기대된다.

또한 '때려친 아이'의 생활영역은 주로 집이며, 친구들이 학교를 끝마치면 방과 후 시간에 친구들을 만나는 것으로 시간을 보낸다. '때려친 아이'는 학교를 그만두면서 다니던 교회도 나가고 있지 않고 있다. 이는 학교중도탈락으로 인해 사회적 자원으로서의 선배, 지도자와의 관계도 결핍됨으로 보여준다. 그러므로 지역사회를 기반으로 하는 학교중도탈락 청소년을 위한 사회적 지지방안은 그 자원의 범위를 보다 확대할 수 있다. 즉 청소년 관련기관 및 시설을 청소년수련관, 청소년상담기관, 지역사회복지관 등으로 국한하는 것이 아닌 청소년들이 소속되어 있고, 참여하고 있는 종교단체, 문화단체, 각종 교육기관, 상인회 등이 상호 유기적으로 연계되어 학교중도탈락 청소년을 위한 사회적 지지망을 구축해야 한다.

(3) 학교중도탈락 청소년의 연구과제

이상에서 향후 학교중도탈락 청소년에 대한 연구과제를 제언하면 다음과 같다.

첫째, 지역사회를 기반으로 학교중도탈락 예방 및 사후지도를 위한 통합모델이 구축되어야 한다. 즉 청소년-가정-학교-청소년 관련기관 및 시설을 연계하여 이들을 적절히 안내·유도할 수 있는 시스템이 구축되어야 한다. 학교부적응 청소년, 학교중도탈락 청소년, 가정, 학교는 모두 그들을 도울 수 있는 사람들을 필요로 한다. 특히 지역사회는 가정이나 학교보다 풍부한 물적·인적 자원을 확보하고 있으며, 이러한 자원들의 효과적인 운용을 통해 청소년을 대상으로 하는 프로그램을 가정이나 학교에 개입하여서, 또는 학교 밖의 생활공간에서 실시할 수 있다. 그러므로 지역사회 내의 자원을 조사하고, 이를 다양한 인적·

물적 자원을 효율적으로 구조화하여 가정이나 학교에 연대함으로써 상호 보완할 수 있는 통합모델이 연구되어야 한다.

둘째, 학교중도탈락을 정확하고 실제적으로 설명할 수 있는 보다 세밀한 학교중도탈락 유형에 대한 연구가 이루어져야 한다. 이를 위해서는 검정고시학원, 기술학원, 대안학교 등 제보자와의 접근통로를 다양화함으로써 가능할 것으로 보인다. 그러므로 이를 토대로 그 계기와 원인에 따라, 현재 생활여건에 따라 학교중도탈락 청소년에 대한 개입을 보다 구체화할 수 있는 방안들이 모색되어야 한다.

셋째, 학교중도탈락 현상, 학교중도탈락 청소년의 생활세계를 지배하고 있는 숨겨진 구조를 보다 면밀하게 탐색해야 한다. 이는 학교중도탈락 청소년에 대한 다양한 접근 방식을 취함으로써, 제보자와의 비교적 장기간의 안정된 관계를 유지함으로써, 학교중도탈락의 상황적인 맥락을 보다 객관적으로 이해할 수 있는 친구, 가족 등의 의미 있는 타인을 포함시킴으로써, 학교중도탈락의 문제를 보다 총체적으로 이해할 수 있는 심층적인 연구가 이루어질 것으로 기대된다.

넷째, 본 연구는 최근에 중도탈락한 경우에 국한된 연구이므로 중도탈락 이후 단기간의 걸친 결과만을 알 수 있을 뿐 학교중도탈락이 한 개인의 인생에 미치는 장기적인 영향에 대해서는 알 수가 없다. 따라서 학교중도탈락을 한지 상당히 오래된 사람들의 경우 같은 연령층에 있는 사람들과 비교하거나 학교중도탈락이 미치는 영향과 관련된 종단적 연구를 통해 학력의 차별적, 누적적 효과를 반영할 수 있는 연구가 이루어져야 한다.

참고문헌

고형규 (2000, 10, 15). 평생교육시설 도시형대안학교로 육성. 동아일보. (http://donga.com)

교육부 (1990). 교육통계연보. 서울: 교육부.

______ (1995). 교육통계연보. 서울: 교육부.

______ (1996). 교육통계연보. 서울: 교육부.

______ (1997a). 교육통계연보. 서울: 교육부.

______ (1997b). 학교중도탈락자 예방 종합 대책. 교육월보, 181(1997. 1), pp.53-61.

______ (1998). 교육통계연보. 서울: 교육부.

______ (1999). 교육통계연보. 서울: 교육부.

______ (2000). 교육통계연보. 서울: 교육부.

______ (2001). 교육통계연보. 서울: 교육부.

구본용 (2001). 학업중퇴 청소년을 위한 지역사회의 역할. 학업중도탈락과 청소년복지, 한국청소년복지학회 추계학술대회 자료집, pp.39-50.

구본용·정찬석 (2001). 잠자는 아이들의 세계. 서울: 한국청소년상담원.

구자경·홍지영·장유진 (2001). 청소년의 자퇴 욕구실태와 관련특성 연구. 학교를 떠나려는 아이들에 대한 이해와 상담전략, 서울특별시청소년종합상담실 2001년 청소년상담 심포지엄 자료집, pp.5-42.

권기태 (2001, 11, 2). 자퇴 진정한 해결책인지 되물어야. 동아일보, p.C6.

권현진 (1997). 학업중단 청소년을 위한 직업지도 프로그램 개발에 관한 연구. 서울여자대학교 대학원 석사학위 청구논문.

김경식 (1996). 공고생의 학급풍토 지각과 결석률, 중퇴율과의 관계. 교육사회학연구, 6(2), 247-272.

______ (1997a). 중·고교 중퇴생 문제의 고찰. 교육사회학연구, 7(1), 1-24.

______ (1997b). 중·고교 중퇴생과 재학생의 교내외 생활 비교를 통한 중퇴요인 분석. 교육사회학연구, 7(3), 115-138.

______ (1998a). 생애사적 연구를 통한 고교 중퇴생 삶의 문화 탐구. 교육사회학연구, 8(1), 123-144.

______ (1998b). 중·고교 중퇴 청소년의 중퇴 이전과 이후의 비행비교. 중등교육연구, 41, 1-18.

김기태 외 (1996). 부산지역 중·고등학교 중퇴생의 생활과 욕구에 관한 조사연구. 사회복지연구(부산대학교, 사회복지연구소), 6(1), 165-198.

김남수 (1999). 중도탈락 학생의 학교적응교육효과에 관한 연구. 제주대학교 교육대학원 석사학위 청구논문.

김동배·권중돈 (2001). 인간행동이론과 사회복지실천. 서울: 학지사.

김만두 (1998). 생태학 이론에 기초한 사회사업실천에 대한 연구. 논문집(강남대학교), 32, 259-287.

김민 (2000a). '학교붕괴', 신화인가 현실인가?. 교육인류학연구, 3(2), 1-29.

____ (2000b). 학교실패 현상에 대한 문화론적 연구. 서울: 한국청소년개발원.

____ (2001a). 자발적 학업탈락자 실태와 대책. 새교육, 555(2001. 1) pp.34-43.

____ (2001b). 학업중퇴 청소년을 위한 지역사회의 역할에 대한 토론. 학업중도탈락과 청소년복지, 한국청소년복지학회 추계학술대회 자료집, pp.51-61.

김상균·김연옥·오정수·노혜련·김기환 (1997). 학생비행 예방 및 선도를 위한 복지프로그램 개발에 관한 연구. 서울: 서울대학교 사회복지연구소.

김선희 (1997). 중도탈락 학생을 위한 학교사회사업적 개입에 관한 연구논문집(강남대학교), 29, 411-437.

김애순·윤진 (1997). 청년기 갈등과 자기이해. 서울: 중앙적성출판사.

김연석 (1999). 중도탈락생을 위한 대안학교에서의 학교사회사업가의 역할. 한남대학교 지역개발대학원 석사학위 청구논문.

김정명 외 (1990). 요지원 무직·미진학 청소년의 실태와 과제. 한국청소년연구, 1(2), 49-60.

김준호·이동원·박미성 (1993). 중퇴와 비행과의 관계에 관한 연구. 서울: 한국형사정책연구원.

김태훈 (2001a). 일본의 자발적 학업탈락자 실태와 대책. 새교육, 555(2001. 1), pp.52-59.

김태훈 (2001b). 학업중도탈락자들에 대한 교육실천에 관한 국제비교. 학업중도탈락과 청소년복지, 한국청소년복지학회 추계학술대회 자료집, 별쇄본 pp.1-10.

김현주 (2001). 학업중도탈락자녀의 심리적 갈등과 가정에서의 대처방안. 학업중도탈락과 청소년복지, 한국청소년복지학회 추계학술대회 자료집, pp.69-96.

대검찰청 (1994). 1993 범죄분석. 서울: 대검찰청.

――――― (1995). 1995 범죄분석. 서울: 대검찰청.

――――― (1996). 1996 범죄분석. 서울: 대검찰청.

――――― (1997). 1997 범죄분석. 서울: 대검찰청.

――――― (1998). 1998 범죄분석. 서울: 대검찰청.

――――― (1999). 1999 범죄분석. 서울: 대검찰청.

――――― (2000). 2000 범죄분석. 서울: 대검찰청.

문교부 (1970). 문교통계연보. 서울: 문교부.

　　　(1975). 문교통계연보. 서울: 문교부.

　　　(1980). 문교통계연보. 서울: 문교부.

　　　(1985). 문교통계연보. 서울: 문교부.

문부과학성 (2001). 평성 12년도의 학생 지도상의 여러 문제의 현상에 대해서. 동경: 문부과학성.(http://www.mext.go.jp/b_menu/houdou/13/08/010823/htm)

문선화·신섭중·이춘기 (1998). 중등학교 중퇴자의 학교복귀를 위한 학교사회사업의 접근방안. 사회복지연구(부산대학교), 8, 185-209.

박성수 외 (1995). 빗나간 아이들의 세계. 서울: 청소년대화의광장.

박성희 (1992). 청소년문화에 대한 인류학적 접근. 한국청소년연구, 10, 53-76.

박수민 (1998). 복교를 원하는 중퇴청소년의 학교적응을 위한 지지방안에 관한 연구. 대구대학교 사회개발대학원 석사학위 청구논문.

박영숙 (1999). 학교환경이 학업중퇴에 미치는 영향. 한림대학교 사회복지대학원 석사학위 청구논문.

박창남 (2001). 중도탈락 청소년 종합대책. 중도탈락 청소년 실태와 대책, 한국청소년개발원 공청회 자료집, pp.19-39.

석숙이 (2000). 중도탈락 학생의 학교 재적응을 위한 사회사업 개입방안. 부산대학교 대학원 석사학위 청구논문.

성영혜·김연진 (1997). 아동복지. 서울: 동문사.

송광성·구정화·이명아·김소희 (1992). 정학·퇴학 청소년 선도방안 연구. 서울: 한국청소년연구원.

송명자 (1995). 발달심리학. 서울: 학지사.

송 복·손승영·조혜정·황창순·김병관·정경희 (1996). 학업중퇴자 연구-실태와 대책. 서울: 연세대학교 사회발전연구소.

오익수·구본용·강신덕·김은미·이영선 (1997). 노는 아이들의 세계. 서울: 청소년대화의광장.

안권순 (2001). 학업중도탈락의 실태와 학교에서의 대처방안 토론. 학업중도탈락과 청소년복지, 한국청소년복지학회 추계학술대회 자료집, pp.33-38.

유성경·이소래 (1998). 잠재적 중도탈락학생에 대한 개입체제 개발연구. 서울: 청소년대화의 광장.

윤철경·이인규·박창남 (1999). 학교붕괴 실태 및 대책 연구. 서울: 한국청소년개발원.

이경림 (2000). 실업계고등학생의 중퇴와 관련된 환경적 특성에 관한 연구-체계론적 접근을 중심으로. 서울여자대학교 사회복지대학원 석사학위 청구논문.

이경열 (1999). 중퇴청소년의 학교복귀를 위한 공식적 지지체계에 관한 사례 연구. 경성대학교 사회복지대학원 석사학위 청구논문.

이숙영·남상인·이재규 (1997). 중도탈락학생의 사회적응 상담 정책 개발연구. 서울: 청소년대화의 광장.

이은희 (1997). 중학교 재학생과 중퇴생의 대처반응의 비교연구. 사회복지연구(부산대학교, 사회복지연구소), 7(1), 117-138.

이인구 (1997, 6, 11). 중고생 자퇴 급증 연 25% 이상 늘어. 문화일보(http://www.munhwa.co.kr).

이재우 (1973). 중학교 중퇴원인과 예방에 관한 연구. 교육학연구, 11(1), 52-78.

이재창 (1997). 중퇴생 예방을 위한 진로상담 강화방안. 진로교육연구, 7, 53-79.

이종상 (1985). 고등학교 학생들의 중퇴에 관한 연구. 서울대학교 석사학위청구논문.

이종태 (2001). 자발적 학업탈락자의 원인과 시사점. 새교육, 555(2001. 1), pp.28-33.

이 한 (2000). 탈학교의 상상력. 서울: 삼인.

이혜영 (2001). 학업중도탈락의 실태와 학교에서의 대처방안. 학업중도탈락과 청소년복지, 한국청소년복지학회 추계학술대회 자료집, pp.7-23.

임성택 (2001). 중도탈락 청소년 실태조사. 중도탈락 청소년 실태와 대책, 한국청소년개발원 공청회 자료집, pp.3-16.

장석민 (1988). 중퇴 및 비진학 청소년의 진로실태에 관한 조사연구. 서울: 한국교육개발원.

______ (1997). 중퇴생의 예방과 진로 선도 대책. 진로교육연구, 7, 1-52.

장인협 외 (2000). 사회복지학. 서울: 서울대학교출판부.

장휘숙 (1996). 청년심리학. 서울: 장승.

정옥분 (1998). 청년발달의 이해. 서울: 학지사.

정일동 (1997). 중퇴생 예방을 위한 진로적응력 프로그램 개발
　　　방안－중퇴자 진로 적응 프로그램 개발 방안의 문제점과
　　　개선방향을 중심으로. 진로교육연구, 7, 81-114.

정재숙 (2000, 3, 16). 중고교 중퇴자 급증: 가출 유학 이민 검정
　　　고시. 한겨레신문, p.19.

정지인 (1997). 학교부적응 학생들의 중도탈락 예방을 위한 학
　　　교사회사업의 역할 연구－학교처벌 경험이 있는 중·고
　　　등학생의 욕구조사를 중심으로. 서울여자대학교 대학원
　　　석사학위 청구논문.

정진구 (1999). 고등학교 복학생들의 퇴학·복학의 원인과 자아
　　　정체감 및 학교부적응과의 관계. 한국교원대학교 대학원
　　　석사학위 청구논문.

정진곤 (2001). 문명사적 변화와 근대 공교육체제의 위기. 2001
　　　년 3월 KEDI 교육정책포럼 자료집, pp.5-26.

조선일보 (1996, 12, 19). 중·고교 중퇴생들 비행 배 이상 늘어.
　　　(http://www.chosun.com)

조용환 (1993). 청소년연구의 문화인류학적 접근: 청소년의 실체
　　　와 청소년문화의 이해. 한국청소년연구, 14, 5-17.

＿＿＿＿ (2000a). 질적 연구: 방법과 사례. 서울: 교육과학사.

＿＿＿＿ (2000b). 교실붕괴의 교육인류학적 분석: 학교문화와 청소
　　　년문화의 갈등을 중심으로. 교육인류학연구, 3(2), 43-66.

조한혜정 (2000). 학교를 찾는 아이 아이를 찾는 사회. 서울: 또
　　　하나의 문화.

조혜정 (1997). 학교를 거부하는 아이 아이를 거부하는 사회(개
　　　정판). 서울: 또 하나의 문화.

조흥식 외 (2000). 사회복지실천분야론. 서울: 동문사.

주현정 (1998). 고등학생의 학교생활 적응에 영향을 미치는 요인에 관한 연구—사회적 지지를 중심으로. 이화여자대학교 대학원 석사학위 청구논문.

최돈민 (2001). 학력주의의 실상과 그 대응 방안. 우리 사회의 학력·학벌주의 극복을 위한 정책 방향과 과제, 2001년 9월 KEDI 교육정책 포럼 자료집, pp.1-43.

최보문 (2000). 학교붕괴 현상과 부등교자에 대한 정신의학적 고찰. 신경정신의학, 39(6), 969-986.

최윤미 외 (1998). 현대청년심리학. 서울: 학문사.

표갑수 (1992). 학교중퇴의 원인과 과제. 학생생활연구(청주대학교, 학생생활연구소), 14, 11-20.

한국청소년개발원 편 (1993). 청소년문제론. 서울: 서원.

한상철 (1998). 청소년학개론. 서울: 중앙적성출판사.

______ (1999). 소외청소년의 가출 및 비행화 모형과 정책적 대안. 소외청소년을 위한 정책과제, 한국청소년학회 학술심포지엄 자료집, pp.153-196.

한인영·홍순혜·김혜란·김기환 (1999). 학교와 사회복지. 서울: 학문사.

한준상 (1996a). 청소년문제. 서울: 연세대학교 출판부.

______ (1996b). 학교스트레스—시험제도의 개혁. 서울: 연세대학교 출판부.

______ (1997). 중퇴생의 진로 선도를 위한 사회적 지원체제 구축방안. 진로교육연구, 7, 115-134.

홍봉선·남미애 (2000). 청소년복지론. 서울: 양서원.

홍혜영·소수연 (2001). 학교를 떠나려는 아이들을 위한 집단상담 프로그램 개발. 학교를 떠나려는 아이들에 대한 이해와 상담전략, 서울특별시청소년종합상담실 2001년 청소년상담 심포지엄 자료집, pp.87-117.

황정숙 (1999). 중퇴경험생과 일반재학생의 자아정체감 및 성격특성 비교연구. 강원대학교 대학원 석사학위 청구논문.

황창순 (1992). 청소년문화와 질적연구방법론. 한국청소년연구, 11, 5-18.

______ (1996). 청소년 학업중퇴의 현황과 사회복지적 대책. 순천향사회과학연구(순천향대학교, 사회과학연구소), 2(1), 109-133.

현연화 (1998). 중·고등학교 복교생의 중도탈락 예방을 위한 학교사회사업서비스에 관한 연구. 서울여자대학교 대학원 석사학위 청구논문.

현병호 (2001). 스스로 학교를 떠나는 아이들. 새교육, 555(2001. 1), pp.44-51.

Allen-Meares, P., Washington, R. O., Welsh, B. L. (1996). *Social WorkServices in School*(2nd ed.). Boston: Allyn and Bacon.

Allport, G. (1955). *Becoming: Basic considerations for a psychology of personality*. New Haven: Yale University Press.

__________ (1961). *Pattern and growth in personality*. New York: Holts, Rinehart & Winston.

Annie E. Casey Foundation (2001). *2001 Kids Count Data Book*. Baltimore, MD: The Annie E. Casey Foundation. (http://www.aecf.org/kidscount/kc2001/definitions.htm)

Astone, N. M., McLanahan, S. S. (1991). Family structure,

170

Parental practices and High school completion. *American Sociological Review, 56*, 309-20.

Bernard, H. R. (1988). *Research Methods in Cultural Anthropology*. California: SAGE Publication.

Denzin, N. (1978). *The Research Act: an Introduction to Sociological Methods*(2nd). New York: McGraw-Hill.

Dryfoos, J. G. (1990). *Adolescents at risk: Prevalence and prevention*. NY: Oxford University.

Dupper, D. R. (1993). Preventing School Dropouts: Guidelines for socialschool work practice. *Social work in Education, 15*(3), 141-149.

Ekstrom, R. B., Goertz, M. E., Pollach, J. M., & Rock, D. A. (1986). Who Drops Out of High School and Why? Findings from a national study. *Teachers College Record, 87*, 356-373.

Finn, J. D. (1989). Withdrawing from school. *Review of Educational Research, 59*(2), 117-142.

Fine, M. (1991). *Framing Dropouts: Notes on the politics of an urban public high school*. Albany, NY: State University of New York Press.

Franklin, C. (1992). Family and Individual Patterns in a Group of Middle-Class Dropout Youths. *Social Work, 37*(4), 338-343.

Geertz, C. (1973). *The Interpretation of Cultures*. New York: Basic Books.

Goetz, J. & LeCompte, M. (1984). *Entnography and Qualitative Design in Educational Research*. New York: Academic

Press.

Johnson, J. (1996). The No-Fault School: Understanding Groups-Understanding School, In Constable, R., Flynn, J. P., Mcdonald, S.(Ed), *School Socail Work - Practice and Research Perspective*(3rd Ed, pp.307-327). Chicago: Lyceum Books, Inc..

Jones, W. (1977). The Impact on Society of Youths Who Drop Out or are Undereducated. *Educational Leadership. 34*, 411-416.

Kaufman, P., Alt, M. N., Chapman, C. D. (2001). *Dropout Rates in the United States: 2000*. Washington, DC: National Center for Education Statistics.

Lerner, R. M. (1986). *Concepts and Theories of Human Development* (2nd ed.). NY: Random House.

___________ (1994). Addressing the Problems of Youth Through thePromotion of Positive Youth Development: A Developmental Contextual Model. 청소년 발달과 지역사회 참여, 한국청소년개발원 국제학술회의 자료집, pp.2-61.

Lerner, R. M., Castellino, D. R., Terry, P. A., Villarruel, F. A., & McKinney, M. H. (1995). Developmental Contextual Perspective on Parenting. In M. H. Bornstein(Ed), *Handbook of Parenting II* (pp.285-309). New Jersey: Larence Erlbaum Associates, Publishers.

Levin, H. M. (1972). *The Costs to the Nation of Inadequate Education*(Study Prepared for the Select Committee on Equal Educational Opportunity, U. S. Senate). Washington, DC: U. S. Government Printing Office.

＿＿＿＿＿＿＿ (1986). *Educational Reform for Disadvantaged Students: An emerging crisis.* West Haven, CT: National Educational Association.

Levine, R. S. (1984). An Assessment Tool for Early Intervention in Cases of Truancy. *Social Work in Education, 94,* 135-181.

Mason, J. (1999). 질적 연구방법론. 김두섭(역). 서울: 나남출판. (원본발간일, 1996).

Merton, R. L. (1957). *Social Theory and Social Structure.* Glencoe, IL: Free Press.

Morrow, G. P. (1986). Standardizing Practice in the Analysis of Dropout. *Teachers Record, 87,* 342-355.

NASW (1999). 사회복지실천이론의 토대. 이팔환 외(역). 서울: 나눔의 집. (원본발간일, 1998(2nd)).

Padgett, D. K. (2001). 사회복지 질적연구방법론. 유태균(역). 서울: 나남출판. (원본발간일, 1998).

Perls, F. (1969). *Gestalt Theraphy Verbation.* Lafayette, CA: Real People Press.

Pollas, A. M. (1986). School Dropouts in the United State. In J. D. Stern & M. F. Williams(Eds), *The Condition of Education*(pp.158-174). Washington, DC: National Center for Education Statistics.

Rumberger, R. B. (1987). High School Dropputs: A Review of Issues and Evidence. *Review of Educational Research, 57*(2), 101-121.

Scorr, L. B. (1988). *Within our reach: Breaking the cycle o disadvantage.* NY: Doubledday.

Shaub, T. M. (1997). *Life Stories of High-Risk White Female Teens: Qualitive Retrospective Interviews with Adolescents Ten Years After Participation in a Dropout Pregnancy Prevention Program.* Oregon State University Ph. D.

Spradley, J. P. (1979). *The Enthnographic Interview.* New York: Holt, Rinehart and Winston.

___________ (1980). *Participant Observation.* New York: Holt, Rinehart and Winston.

Tatar, M.(1998). Significant individuals in adolescence: adolescent andadult perspectives. *Journal of Adolescence, 21*(6), 691~702.

Weidman, G. G., Friedmann, R. R. (1984). The School-to-Work Transition for High School Dropouts. *Urban Review, 16,* 25-42.

Willis, P. (1989). 교육현장과 문화 재생산. 김영훈·김찬호(역). 서울: 민맥. (원본발간일, 1981).

<부록 1> 심층 개별면접 일정

1. 박우진
   1회 2001. 8. 20. 월. 15:00~17:00
   2회 2001. 9. 7. 목. 17:30~20:00

2. 박우진의 친구 '영은'
   1회 2001. 8. 17. 금. 17:00~19:00
   2회 2001. 9. 3. 월. 19:00~21:30

3. 박우진의 담임교사
   1회 2001. 9. 8. 토. 09:30~11:30

4. 이성원
   1회 2001. 8. 13. 월. 18:00~20:30
   2회 2001. 8. 27. 월. 17:00~21:00
   3회 2001. 9. 1. 토. 12:00~14:30

5. 이성원의 친구 '진희'
   1회 2001. 8. 16. 목. 18:00~20:00
   2회 2001. 9. 4. 화. 18:00~20:00

6. 이성원의 담임교사
   1회 2001. 9. 6. 목. 12:30~15:00

<부록 2> 심층면접 자료의 주제영역 분류

100. 청소년의 심리
  110. 통제감
  120. 무력감
  130. 자존감

200. 청소년의 교육관
  210. 학교의 영향
  220. 대학진학
  221. 기대 정도
  222. 이유
  230. 복학
    231. 이유

300. 청소년의 직업관
  310. 희망직업
  320. 성공의 의미

400. 하고 싶은 것

500. 사회적 지지망
  510. 의미 있는 타인
  511. 영향
  520. 의논상대
  521. 이유

600. 학교 안에서의 행동 및 태도
  610. 학습태도
  620. 학업성적
  630. 교우관계
  631. 어려움
  632. 이유
  640. 교칙위반
  641. 종류
  642. 빈도
  643. 이유
  670. 학교행사참여
  680. 만족도

700. 학교 밖에서의 행동
  710. 비행경험
  711. 이유
  712. 처벌
  720. 약물경험
  730. 친구관계
  740. 일/아르바이트
  741. 의미

800. 가정체계
  810. 경제수준
  811. 인식
  820. 가족구조
  830. 부모의 관심
  831. 일상생활의 관여
  832. 성적
  833. 진로 및 진학 기대
  840. 부모의 양육태도
  850. 부모와의 갈등
  851. 이유
  860. 부모의 교육적 지원
  870. 복학기대
  880. 가족의 권력구조
  881. 의사결정자

900. 학교체계
  910. 구조적 특성
  911. 학교계열
  912. 학급크기
  913. 물리적 환경
  920. 교칙 및 운영과정
  921. 엄격성, 공정성 인식
  922. 중퇴처리과정
  940. 교육과정
  941. 학교공부 흥미도
  950. 교사의 태도
  951. 친밀감

960. 체벌
961. 이유
962. 유형
970. 입시 및 성적위주의 학교교육

1000. 지역사회체계
1010. 중퇴청소년에 대한 태도

1020. 청소년에 대한 사회적 보호
체계
1030. 사회변화로 인한 학교기능의
약화
1040. 상업주의적 소비문화, 대중문
화확산

· 저자 ·

김혜영
(金惠英)

▌약력

동덕여자대학교 아동학과 졸업
숙명여자대학교 대학원 아동복지학과 졸업
(아동복지전공 석사·박사학위 취득)

한국가족복지학회 이사
한국청소년복지학회 이사
안동과학대학 사회복지과 교수

▌주요논저

「청소년보호법에 관한 청소년·부모·전문가 및 관련업계의 인식 연구」
「학교중도탈락 청소년의 삶에 대한 문화기술적 연구」
「청소년복지지표 개발을 위한 기초 연구」
「학교중도탈락 청소년에 관한 연구동향 및 과제」
「장애아동 가족지원서비스의 실태 및 요구 조사」
『한국의 아동복지학』(공저)
『가정위탁보호』(공역)
『사회복지개론』(공저)
『인간행동과 사회환경』(공저)
외 다수

학교중도탈락 청소년의 삶과 문화

• 초판 인쇄	2005년 12월 20일
• 초판 발행	2005년 12월 20일
• 지 은 이	김혜영
• 펴 낸 이	채종준
• 펴 낸 곳	한국학술정보㈜
	경기도 파주시 교하읍 문발리 526-2
	파주출판문화정보산업단지
	전화 031) 908-3181(대표)·팩스 031) 908-3189
	홈페이지 http://www.kstudy.com
	e-mail(e-Book사업부) ebook@kstudy.com
• 등 록	제일산-115호(2000. 6. 19)
• 가 격	22,000원

ISBN   89-534-4237-0 93330 (Paper Book)
       89-534-4238-9 98330 (e-Book)